基礎講座
建築設計製図

福田健策・野中大道・坂利春 著

BASIC LECTURE

学芸出版社

はじめに

　本書は建築，インテリアの業界を目指し始めた方々のために，最低限の基本的な作図方法，作図に必要な知識を取りまとめたものである．

　デザイン業界を志し，学ぶなかで，なぜ製図が必要なのかと戸惑う方も多いかと思われる．製図とは実際のモノをつくる上での設計図なのは明白だが，実務では各デザイナーの「思考」や「想い」の表現でもある．これは建築，インテリアに関わらず，プロダクトや機械設計も同じだ．

　設計者は自身が作図した図面をもとに，クライアント，施工者等へ説明，指示を行うことになるため，幅広い知識，諸々の対応力が求められる．とても責任が重い立場となるため，作図作業も慎重に進める必要がある．その一方，とてもやりがいのある仕事であることは間違いない．

　読者の将来の実務基盤となることを願い，本書を編集した．

第1章　建築製図の基礎知識

1　製図の道具と使い方　　4
(1) 製図用具
(2) 製図の準備
(3) 製図記号（よく使う製図記号）
(4) 文字の書き方
(5) 植栽表現
(6) 駐車スペース・駐輪スペース

2　建築製図を行う上で必要な法規　　9
(1) 用途地域
(2) 建築面積と延べ面積
(3) 建ぺい率と容積率
(4) 高さ制限（北側斜線，道路斜線，隣地斜線）
(5) 居室の採光
(6) 居室の換気
(7) 階段
(8) 構造に関する規定

3　省エネルギー住宅と既存ストックについて　　20

第2章　木造住宅

例題　23

1　計　画　　24
(1) 寸法および各室の広さを決める
(2) 配置計画
(3) 平面計画
(4) 構造計画

2　ケーススタディ　　41
(1) 設計条件
(2) 例題からエスキースをしてみる
　　1. 設計条件の検討
　　2. 建物規模の検討
　　3. 建物の形状・ボリュームと位置の決定

3　作　図　　49
(1) 要求図面
(2) 要求図面の描き方
　　◎家具・什器のサイズ（参考値）

1階平面図兼配置図・2階平面図　52
矩計図　62
断面図　70
　　注　最高高さの求め方　72
立面図　73

第 3 章 鉄筋コンクリート造

1 鉄筋コンクリート造の概要   77

   例題   78

2 鉄筋コンクリート造の構造形式   80

  (1) ラーメン構造
  (2) 壁式構造
  (3) フラットスラブ構造
  (4) シェル構造

3 ラーメン構造について   81

  (1) 柱のスパン割付
  (2) 各部位の寸法およびディテール寸法
  (3) 階高・断面の検討
  (4) 外壁中心線（壁芯）と柱の中心線（柱芯）の関係
  (5) スパン計画
  (6) 敷地の道路位置による動線の考え方
  (7) ゾーニング計画
  (8) 配置計画
  (9) 平面プラン計画
  (10) 所要室レイアウト
  (11) 所要室のセッティングポイント

4 ケーススタディ   97

5 作 図   102

  (1) 要求図面
  (2) 要求図面の描き方

   1階平面図兼配置図   103
   2階平面図   108
   矩計図   109
   断面図   117
   立面図   120

付 章 鉄 骨 造

1 鉄骨造の概要   124

2 鉄骨造の構造形式   125

  (1) ラーメン構造
  (2) トラス構造
  (3) アーチ構造
  (4) その他

3 鉄骨ラーメン構造について   127

  (1) 柱のスパン割付

  (2) 構造計画と各部位の仮定断面寸法（低層建築物の場合）
  (3) 耐火構造，耐火被覆

4 鉄骨造の設計条件   130

3

第 1 章　建築製図の基礎知識

1　製図の道具と使い方

(1) 製図用具

①製図板とT定規

　製図板は，木製のA2版用（45cm × 60cm）の大きさ．Tの型をしたT定規と組み合わせて使用する．平行定規に比べて簡便ではあるが，作業性に劣るため，初心者には不向きである．

②平行定規

　製図板と上下に平行移動する定規を一体化したもの．T定規に比べて操作性に優れており，勾配定規等と組み合わせて使用する．初心者には，ぜひおすすめしたい．

③筆記用具

　基本的には日常に使用しているものでかまわないが，作図スピードを上げることと，図面の濃淡・強弱をハッキリ付けるためには，若干軟らかめの太い芯を使用するのが良い．シャープペンシルタイプで，芯の太さは0.7ミリ，0.5ミリ，0.3ミリの3種類，芯の硬軟はB，HB，Hまたは2B，B，HBの組み合わせが良い．

④定規類

　平行定規と組み合わせて使用する三角定規は，勾配定規タイプのものが良い．基本的には45°の二等辺三角形型だが，調整ネジを緩めて，自由に角度または勾配を決めて，斜線を引くことができる．矩計図や立面図の屋根を描く時に便利である．

⑤三角スケール

　断面形が三角形をして，各面に2種類ずつ，計6種類の縮尺が入っている物指しで，1/100，1/200，1/500の縮尺が入っているものが良い．30cmと15cmの長さのものがあるが，両方用意しておくと良い．

⑥テンプレート

　円，楕円，正方形，正三角形の形状で，数種類の大きさが打ち抜きされた半透明のプラスチック板．通し柱，筋かいや便器などをマーク表示するのに便利なものである．

⑦字消し板

　無駄な線や書き損じた時に，消したい部分だけにあてて消しゴムを使用するもの．薄い金属板または半透明のプラスチック板などがあり，様々な型がこの板にあけられている．

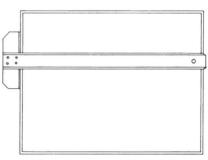

①製図板とT定規

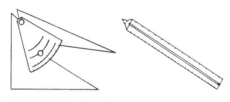

④定規類と⑤三角スケール

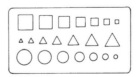

⑥テンプレート

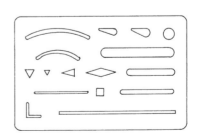

⑦字消し板

⑧製図用ハケ

⑧製図用ハケ

製図図面上の鉛筆の粉や消しゴムのかすなどを掃くハケ．ブラシタイプと鳥の羽根のタイプなどがある．

⑨電卓

エスキースには絶対の必需品．音の出る物は不可．カードタイプや名刺サイズなどの小さなものは，操作がしにくいので避けたい．

⑩その他

- 製図用テープ

セロファンテープのように接着力の強いものよりは，製図用テープとして市販されている適度な接着力のあるテープが良い．平行定規は，ほとんどの製品がマグネット板なのでステンレス製の薄い接着テープが付属しているが，作図時にずれてくることがあるので，前述の製図用テープが良い．

(2) 製図の準備

①製図用紙を製図板にセットする

製図用紙のセットの仕方は，平行定規の時でもT定規の時でも基本的には同じである．定規の作図面と製図用紙の水平罫線を合わせて，製図用紙の四隅を製図用テープで止める．その際に注意すべきことは，定規を製図板の最下端に降ろして製図用紙の一番下方の水平な罫線に合わせること．すなわち，定規が製図用紙のすべての範囲内を描けるようにすることである．

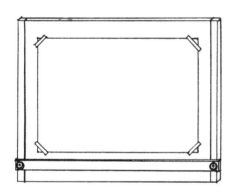

①製図用紙を製図板にセットする

②シャープペンシルの使い方

図面は，平面図でも，矩計図でも，立面図でも，その中に表現するものは，断面線のような太い線と，姿線，中心線，寸法線，引き出し線のような細い線の，2種類の太さの線が使い分けられる．

太い線は，直径 0.5 ミリまたは 0.7 ミリのシャープペンシルで，BまたはHBの硬度の芯を使う．細い線は，直径 0.3 ミリまたは 0.5 ミリで，HBまたはHを使うのが良い．

③線の練習

a. 線を引くときは，片方の手で定規をしっかり押える．

b. 定規の先端の製図面が見える位置まで目を持ってくる．

c. シャープペンシルの芯はツーノック程度の出とし，定規の先端の製図面に，ほぼ垂直にそえる．

d. 線を引く方向は，右利きの人を基準にすれば，左から右方向へ引くのが原則である．垂直方向も，三角定規（勾配定規）を平行定規にしっかり固定して，三角定規の垂直な面に目を合わせて，下（左）から上（右）方向へ引く．

e. 線を引くとき，シャープペンシルを指先で時計まわりに回転

第1章 建築製図の基礎知識

させながら引けば，芯先は常に同じ程度のへり具合いとなり，均一な線を引くことができる．

f.　平行定規または三角定規を移動するときは，図面用紙の汚れを防ぐため，少し持ち上げて移動するようにする．

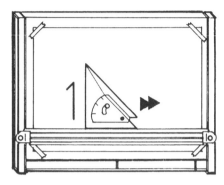
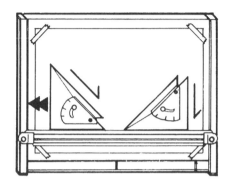

製図板と定規の使い方

(3) 製図記号（よく使う製図記号）

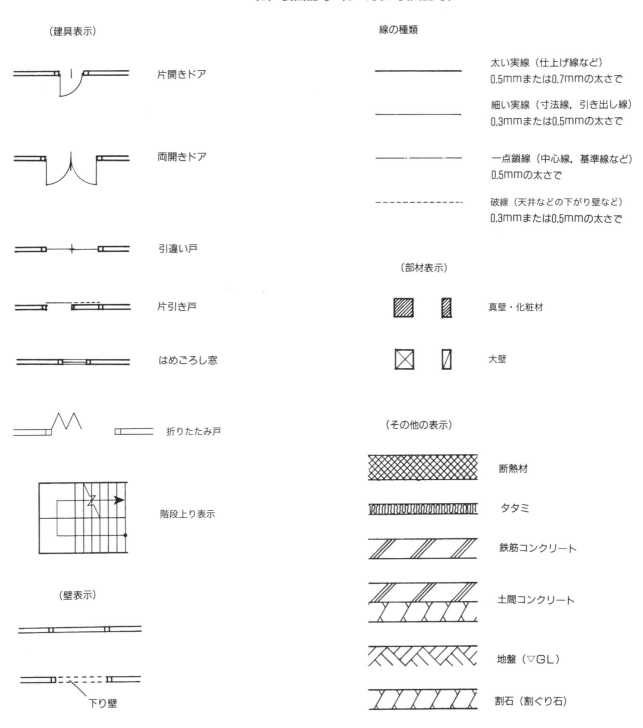

(4) 文字の書き方

　文字は左から正しく読めるように，横書きとするのが原則である．作図図面がきれいに仕上がっても，文字の書き込みがいい加減だと，図面精度が下がるので，平行線を引くか，グリッドを上手く利用して，意識して書くとよい．

第1章　建築製図の基礎知識

(5) 植栽表現

　配置図の完成度を高めるのに，植栽の描き込みは有効である．

植栽と植え込みの記入例

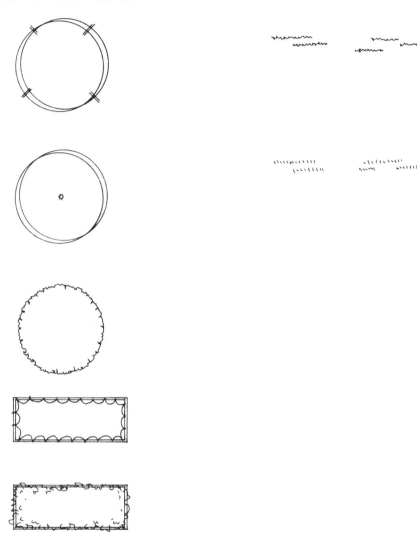

(6) 駐車スペース・駐輪スペース

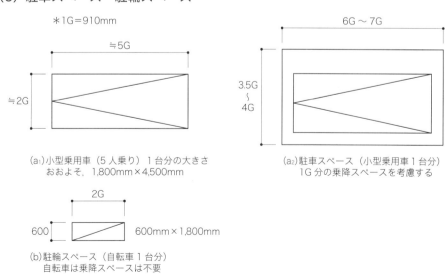

2　建築製図を行う上で必要な法規

建築製図を行う上で重要になるのは，建築基準法である．建築物の安全上，衛生上の最低基準を定め，社会との協調関係を実現し，維持することを規定した法律である．

設計製図はこの建築基準法に則り，建築物の間取りや形状などを作図する行為である．建築基準法の構成は，以下のようになる．

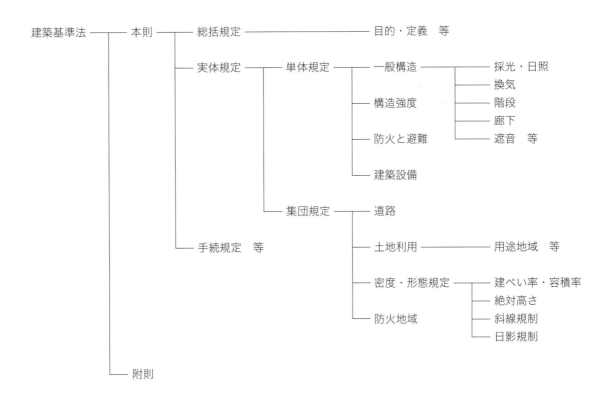

この中で，製図に関連する項目について説明する．

(1) 用途地域

良好な環境を形成するために，地域を区画し，その中の建築物の用途を制限することにより，土地利用の秩序を整えようとするものである．その目的に適合する13種類の用途地域が定められている（p.13参照）．

(2) 建築面積と延べ面積

(A) 建築面積

a. 建築面積は，建築物の外壁，またはこれに代わる柱の中心線で囲まれた部分の水平投影面積である．下図のように，2階部分の方が1階部分より大きな床面積のときは，2階部分の水平投影面積が建築面積となる．

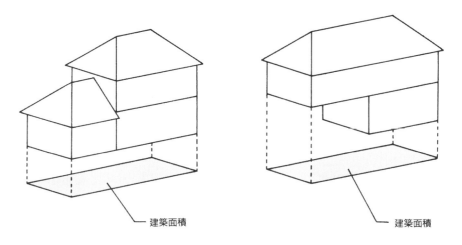

b. 柱や壁を有さず，外壁の中心線から1mを超えたものがある場合，たとえば軒の出，2階バルコニー，玄関庇などは，その先端から水平距離で1m後退した線で囲まれた水平投影面積が建築面積に含まれる．

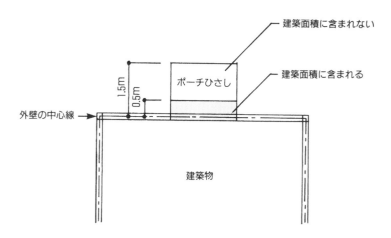

c. 玄関ポーチの庇の場合，柱がある場合は，その柱の中心線に囲まれた部分が建築面積に含まれる．

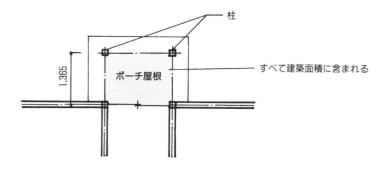

d. 三方を壁に囲まれた平面形状の建物では，屋根があればその囲まれた部分は建築面積に含まれる．

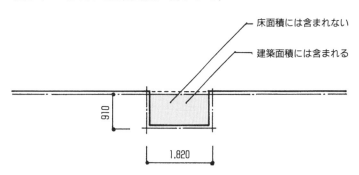

(B) 延べ面積

a. 延べ面積は，各階床面積の合計の面積である．
b. 床面積は，外壁の中心線で囲まれた建築物の床を構成している部分の面積のことである．階段部分は，踏面部分の合計値が上階の床面積に含まれる．吹抜の場合は，上階部分の床面積から除く．

(3) 建ぺい率と容積率

(A) 定義

$$建ぺい率（\%）＝\frac{建築面積}{敷地面積}\times 100$$

$$容積率（\%）＝\frac{延べ面積}{敷地面積}\times 100$$

建ぺい率，容積率とも，用途地域の目的に応じて，都市計画で数値が定められ，それ以下としなければならない．

(B) 緩和等

a. 建ぺい率は，防火地域の耐火建築物や角地等の場合，10％の緩和を受けられる．
b. 容積率は，前面道路幅員12m未満の場合，幅員との関係において制限の規定をしている．
　都市計画で定められた用途地域ごとの限度と道路幅員による限度を比較し，いずれか小さい方の数値がその敷地の定められた容積率となる．
c. 屋内自動車車庫や，地階住宅部分については限度をもって，容積対象延べ面積から除くことができる．

建ぺい率の限度

適用基準＼用途地域	第一種低層住居専用 第二種低層住居専用 第一種中高層住居専用 第二種中高層住居専用 田園住居※4	第一種住居 第二種住居 準住居 準工業	近隣商業	商業	工業	工業専用	指定なし
一般の敷地（％）	30，40，50，60	50，60，(80)	60，(80)	(80)	50，60	30，40，50，60	30，40，50，60，70※7
角地（％）※1	＋10	＋10	＋10	＋10(90)	＋10	＋10	＋10
防火地域内の耐火建築物等（％）※2	＋10	＋10 (100%)※4	＋10 (100%)※4	100%※4	＋10	＋10	＋10
準防火地域内の耐火建築物等・準耐火建築物等（％）※3	＋10	＋10	＋10	＋10	＋10	＋10	＋10
緩和 前面道路境界線等から後退して壁面線の指定等で特定行政庁許可※5	（許可の範囲）						
緩和 省エネ性能向上のため必要な屋外の部分で国土交通省令で定めるもの※6	（許可の範囲）						

※1　(法第53条3項2号)特定行政庁が角地等で指定するもので，街区の角にある敷地又はこれに準ずる敷地
※2　(法第53条3項1号イ)耐火建築物または，これと同等以上の延焼防止性能建築物で外壁開口部防火設備（令135条の20第1項）
※3　(法第53条3項1号ロ)準耐火建築物または，これと同等以上の準延焼防止性能建築物で外壁開口部防火設備（令135条の20第2項）
※4　(法第53条6項1号)防火地域で指定建蔽率80%の耐火建築物等
※5　(法第53条4項)①特定行政庁が必要と認めて壁面線を指定した壁面線（隣地境界線から指定)，②地区計画等の条例で定める壁面の位置の制限（隣地境界線から制限）で当該壁面線等の限度線を超えない建築物
※5　(法第53条5項)①特定行政庁が認めて壁面線を指定した壁面線（隣地境界線から指定)，②特定防災街区整備地区による壁面線の位置の制限（前面道路から制限)，③地区計画等の条例の防災街区整備地区による壁面の位置の制限で当該壁面線等の限界線を超えない建築物
※6　(法第53条5項4号)建築物のエネルギー消費性能向上に必要な外壁工事その他屋外にに面する工事で国土交通省令で定めるもの（規則10条の4の8）
※7　(法第53条1項6号)用途地域指定のない区域内の建築物で特定行政庁が都市計画審議会の議を経て指定する法第53条1項6号の建築物

　計算上では，図面に記入された寸法で計算するが，小数点以下第2位まで記入し，第3位以下は切捨てとする．

（4）高さ制限（北側斜線，道路斜線，隣地斜線）

　高さ制限は，実務上ではかなり大切な検討事項となる．次表を基本として，さらに各制限には，緩和があることを知っているとよい．

　又，建築物の高さについては，日影規制（法第56条の2），高度地区（法第58条）によっても，さらに厳しい形で制限を受けるが，ここでは省略する．

用途地域による高さ制限（原則）のまとめ

用途地域	絶対高さ制限	道路斜線（前面道路の路面の中心からの高さ）	隣地斜線（敷地の平均地盤面からの高さ）	北側斜線（敷地の平均地盤面からの高さ）
第一種低層住居専用地域 第二種低層住居専用地域 田園住居地域	10m 又は 12m			1.0／1.25　10m 又は 12m　5m　真北方向→　北側隣地境界線
第一種中高層住居専用地域 第二種中高層住居専用地域		1.0／1.25　1.25L　1.25A　道路　A　L　Lの幅は，容積率の限度により 20〜30m に定められる　A：道路幅員　□：建築できる範囲	1.0／1.25　20m　隣地境界線	1.0／1.25　10m　真北方向→　北側隣地境界線
第一種住居地域 第二種住居地域 準住居地域				
近隣商業地域 商業地域 準工業地域 工業地域 工業専用地域 用途地域の指定のない地域		1.0／1.5　1.5L　1.5A　道路　A　L　Lの幅は，容積率の限度により 20〜35m に定められる	1.0／2.5　31m　隣地境界線	

第1章　建築製図の基礎知識　**13**

(5) 居室の採光

建築基準法では，居室の自然採光を義務づけ（ここでいう採光は，直射光（日照）を意味するものではない），有効採光窓面積 W（m²）／居室の床面積 A（m²）を，必要割合以上にしなければならない．

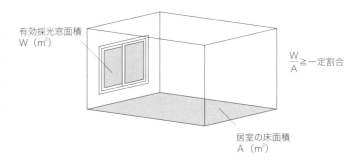

必要な有効採光面積の割合

	建築物の種類	対象居室	割合	備考
①	住宅（共同住戸の住戸含む）	居室	原則 1/7 以上	居住のために使用されるもの
			緩和 1/10 以上	50 ルックス以上の照度の照明設備を設置（床面における水平面）
②	寄宿舎	寝室	1/7 以上	—
③	下宿	宿泊室	1/7 以上	—
④	児童福祉施設等※1	寝室	1/7 以上	入所者が使用するもの
		訓練室・保育室		入所者・通所者の保育、訓練、日常生活に必要な便宜の供与等に使用されるもの
		談話室・娯楽室	1/10 以上	入所者の談話・娯楽等に使用されるもの
⑤	保育所・幼保連携型認定こども園 幼稚園	保育室・教室	原則 1/5 以上	—
			緩和 1/7 以上	200 ルックス以上の照度の照明設備を設置（床面における水平面）かつ、有効採光面積が左記の割合以上の場合（開口部全体を算入可能）
⑥	病院・診療所	病室	1/7 以上	
		談話室・娯楽室	1/10 以上	入院患者の談話、娯楽等に使用されるもの
⑦	小学校・中学校・義務教育学校 高等学校・中等教育学校	教室	原則 1/5 以上	—
			緩和 1/7 以上	(1) 200 ルックス以上の照度の照明設備を設置（床面上 50cm における水平面）かつ、(2) 有効採光面積が左記の割合以上の場合（床面上 50cm 以上の窓等）
			緩和 1/10 以上	音楽教室、視聴覚教室（幼稚園を除く）で、上記 (1) 条件及び機械換気設備（令 20 条の 2）が設置された場合（要確認）
⑧	⑦以外の学校（大学・専修学校・病院等の実験室、研究室等）	教室	1/10 以上	—
地階又は地下工作物（地下街）に設ける居室 温湿度調整を必要とする作業を行う作業室 用途上やむを得ない居室			適用除外（法第 28 条 1 項ただし書、平 7 住指発 153 号）	

※1 児童福祉施設（幼保連携認定こども園を除く）・助産所・身体障害者社会参加支援施設（補装具製作施設及び視聴覚障害者情報提供施設を除く）・保護施設（医療保護施設を除く）・婦人保護施設・老人福祉施設・有料老人ホーム・母子保護施設・障害者支援施設・地域活動支援センター・福祉ホーム・障害福祉サービス事業（生活保護、自立訓練、就労移行支援又は就労継続支援を行う事業に限る）の用に供する施設

有効採光面積として算定される開口部は，室内に十分な明るさが得られる必要があるので，開口部の面する外部状況（屋根やひさし等），隣地境界線等までの水平距離等によって，採光補正係数による数値をもって採光上有効とする．

d：開口部の上部にある建築物の部分と隣地境界線等又は同一敷地内の他の建築物までの水平距離
h：開口部の上部にある建築物の部分から開口部の中心までの垂直距離

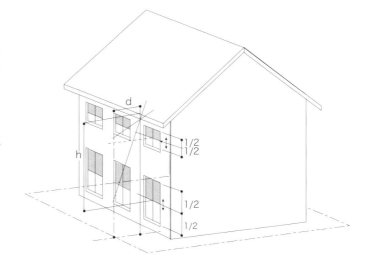

● 有効採光面積（建築基準法施行令第 20 条）

有効採光面積
＝W×A

W：窓の面積
A：採光補正係数

$$A = \frac{d}{h} \times a - b$$

d：窓から隣地境界線等までの水平距離
h：窓の中心から直上の建築物の各部分までの垂直距離
ただし，A ≦ 3

用途地域	a	b	c	Aの修正値	
				道に面しない場合	道に面する場合
① 住居系地域	6	1.4	7 m	ロ．$d \geq c$，A＜1 のとき ……A＝1	イ．A＜1 のとき……A＝1
② 工業系地域	8	1	5 m	ハ．$d < c$，A＜0 のとき ……A＝0	
③ 商業系地域 無指定区域	10	1	4 m		

備考 1）窓が公園・広場・川等に面する場合は，その幅の 1/2 だけ外側に隣地境界線があるものとみなす．
備考 2）次の場合は，右側の数値を採光補正係数とする．
　　　①天窓：A × 3
　　　②縁側（ぬれ縁を除き，幅≧ 90cm）がある場合：A × 0.7
備考 3）障子・ふすま等で仕切られた 2 室は，1 室とみなされる．

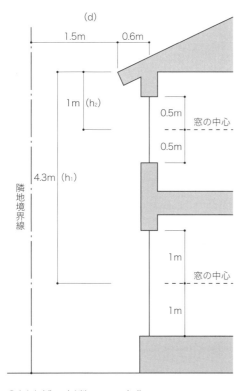

● 採光補正係数：Aの変化

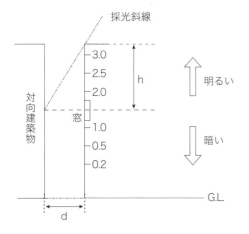

例　住居系地域において，隣地境界線に面した左図のような住宅開口部について，採光上有効な開口部面積の算定をし，開口部の大きさをチェックする．

● 開口部（窓）の大きさは
　　1 階を幅 1.65m，高さ 2m
　　2 階を幅 1.65m，高さ 1m
● 1 階，2 階の居室の床面積はともに，13.2㎡（8 畳）

▶ 1 階の有効開口（窓）面積の算定
　有効採光補正係数(A) ＝ 1.5(d)／4.3(h_1) × 6(a) － 1.4(b)
　　　　　　　　　　　≒ 0.69
　A ≦ 3 より，1 階の採光補正係数(A)は 0.69 となる．

　窓面積(W) ＝ 1.65m × 2m ＝ 3.3㎡
　有効採光面積 ＝ 0.69(A) × 3.3(W) ≒ 2.28㎡
　必要採光面積 ＝ 13.2㎡（床面積）× 1/7 ＝ 1.89㎡
　2.28㎡（有効採光面積）＞ 1.89㎡（必要採光面積）

　∴ 1 階の居室（13.2㎡）に設ける開口（窓）面積は，その居室の必要採光面積を満たしている．

▶ 2 階の有効開口（窓）面積の算定
　有効採光補正係数(A) ＝ 1.5(d)／1(h_2) × 6(a) － 1.4(b) ＝ 7.6
　A ≦ 3 より，7.6 ＞ 3 なので，
　2 階の採光補正係数(A)は 3 とする．

　窓面積(W) ＝ 1.65m × 1m ＝ 1.65㎡

有効採光面積 = 3(A) × 1.65(W) = 4.95㎡
必要採光面積 = 13.2㎡（床面積）× 1/7 = 1.89㎡
4.95㎡（有効採光面積）＞ 1.89㎡（必要採光面積）

∴ 2階の居室（13.2㎡）に設ける開口（窓）面積は，その居室の必要採光面積を満たしている．

(6) 居室の換気

居室には，換気上有効な開口部を設けなければならない．居室床面積の1/20以上が必要となる．

引違い窓の場合，窓幅の1/2が実質上の開口となり，有効な面積は窓面積の1/2となる．

(7) 階段

階段の寸法

	階段の種類	階段・踊り場の幅 (cm)	蹴上 (cm)	踏面 (cm)	踊り場の位置	直階段の踊り場の踏み幅	根拠法令
①	小学校の児童用（義務教育学校の前期課程含む）	140以上	16 (18※1)以下	26以上	高さ3m以内ごと	120cm以上	令23条 令24条
②	中学校・高等学校・中等教育学校の生徒用（後期課程含む）	140以上	18 (20※1)以下	26 (24※1)以上			
	物販店舗（物品加工修理業を含む）で床面積＞1,500㎡の客用						
	劇場・映画館・演芸場・観覧場・公会堂・集会場の客用						
③	直上階の居室の床面積の合計＞200㎡の地上階用	120以上	20以下	24以上	高さ4m以内ごと		
	居室の床面積の合計＞100㎡の地下・地下工作物内用						
④	①②③以外のもの	75以上	22 (23※2)以下	21 (19※2)以上			
⑤	住宅（共同住宅の共用階段を除く）	75以上	23以下	15以上			
⑥	階数が2以下で延べ面積が200㎡未満の建築物の階段	75以上※3	23以下※3	15以上※3	規定なし	規定なし	平26国交告709号
⑦	特殊用途に専用する階段（昇降機の機械室用階段・物見塔用階段機械室に通ずる階段）	—	23以下	15以上	規定なし	規定なし	令27条 令129条の9第5号
⑧	屋外階段 緩和 避難用の直通階段（令120条・令121条による）	90以上（可能）	上記①～⑤による （60cmの屋外階段の踊り場は④により75cm以上）			120cm以上	令23条1項ただし書
	その他の階段	60以上（可能）					

※1 (1)階段の両側に手すりを設けたものであること，(2)表面を粗面とし，又は滑りにくい材料で仕上げたものであること（平26国交告709号）
※2 ①②③以外（寄宿舎等）においても，※1 (1)の両側手すりと(2)の滑り止めの合理化基準により，蹴上は23cm以下，踏面19cm以上が可能となる（平26国交告709号）
※3 ※1 (1)の両側手すりと(2)滑り止め合理化基準に加え，(3)階段近くに注意喚起を表示したもの（平26国交告709号）
（注意）滑りにくい材料仕上げとは「粗面とし，又は滑りにくい材料で仕上げたもの」，滑り止めを目的とした段鼻材を付けるなど（平26国交告709号）

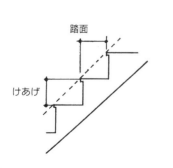
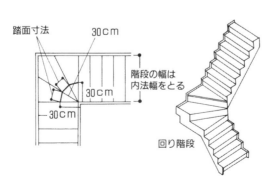

(a) 踏面とけあげの寸法　　(b) 回り階段で踏面の寸法をはかる位置

(8) 構造に関する規定

　建築物は，自重，積載荷重，積雪，風圧，土圧，水圧，地震などに対して，安全な構造とするために，建築物の構造や規模により各々の基準に適合するものでなければならない．下記に示す建築物は構造計算によって安全性を確かめなければならない．

構造計算対象の規模

規模 ＼ 高さ		高さ 16m 以下	高さ 16m 超〜 60m 以下	高さ 60m 超
1 階建	300㎡ 以下	仕様規定	高度な構造計算 （許容応力度等計算， 保有水平耐力計算）	時刻歴応答解析
	300㎡ 超	簡易な構造計算 （許容応力度計算）		
2 階建	300㎡ 以下	仕様規定		
	300㎡ 超	簡易な構造計算 （許容応力度計算）		
3 階建				
4 階建〜		高度な構造計算 （許容応力度等計算， 保有水平耐力計算）		

　また，構造計算を要しない建築物でも適合しなければならない構造の規定があり，木造については令第40条〜第49条までの規定を満足しなければならない．その中でも，わかりにくい構造耐力上必要な耐力壁の長さ（壁量）のチェックについての概要を説明する．

(a) 必要壁量のチェック

　木造建築物は水平力に対する安全性のチェックとして，地震力及び風圧力に対し，各方向（桁行，張り間）に対する構造耐力上必要な軸組の長さ（必要壁量）を算定し，実際設置する軸組の長さ（有効壁量）が，それ以上でなければならない．

　　※必要壁量≦有効壁量

● 必要壁量

　①地震力に対して

　　その階の床面積×その階に応じた表1（次頁）の数値

　　（張り間方向，桁行方向ともに同じ数値）

　②風圧力に対して

　　その階の見付面積×その階に応じた表2（次頁）の数値

　　（張り間方向，桁行方向で異なる数値）

　　実際に設置する軸組の長さ（実長）に軸組の構造に応じた倍率を掛けたものの合計（表3を参考に）

　　　※見付面積（次ページ図）

　　　　各階床面より1.35m上がったラインより上部にある建物の桁行方向又は張り間方向の鉛直投影面積

● 有効壁量

(b) 軸組配置の明確化

　軸組の配置は，令第46条第4項の規定により，その有効壁量が充

分であるかどうかをチェックするだけでなく，その配置が大きく偏っていないことをチェックしなければならない．以前は「釣り合いよく配置」というあいまいな形であったが，平成12年告示第1352号により，各階平面図を張り間方向，桁行方向で，それぞれ4分割し，両端の1/4の部分に存在する壁量のバランスを数値で算定してチェックするようになった．構造計算により，偏心率が0.3以下であることを確認する方法もあるが，ここでは前者を簡単に説明する．

表1　階の床面積に乗ずる数値（令46条4項）

屋根と外壁の仕様		床面積に乗ずる数値 (cm/㎡)		
屋根の仕様	外壁の仕様	平屋	2階建 1階	2階建 2階
瓦屋根(葺き土なし)	土壁等	23	51	28
瓦屋根(葺き土なし)	モルタル等	22	49	28
瓦屋根(葺き土なし)	サイディング	20	44	25
瓦屋根(葺き土なし)	金属板張り	20	42	24
瓦屋根(葺き土なし)	下見板張り	19	39	23
スレート屋根	土壁等	20	48	25
スレート屋根	モルタル等	19	46	24
スレート屋根	サイディング	17	41	22
スレート屋根	金属板張り	17	39	21
スレート屋根	下見板張り	16	36	20
金属板葺き	土壁等	16	44	21
金属板葺き	モルタル等	16	42	20
金属板葺き	サイディング	14	37	18
金属板葺き	金属板張り	13	35	17
金属板葺き	下見板張り	12	32	16

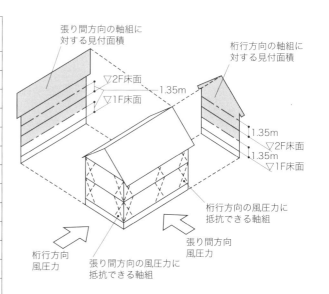

表2　風圧力に対する必要な壁量

地域	必要な壁量（見付面積当たり cm/㎡）
一般の区域	50
特定行政庁が指定した強風地域	51〜75（特定行政庁が定める）

表3　軸組の種類と倍率

	軸組の種類	倍率
①	土塗壁または木ずりその他これに類するものを柱及び間柱の片面に打ち付けた壁を設けた軸組	0.5
②	木ずりその他これに類するものを柱及び間柱の両面に打ち付けた壁を設けた軸組	1
②	厚さ1.5cm以上で幅9cm以上の木材又は径9mm以上の鉄筋の筋交いを入れた軸組	1
③	厚さ3cm以上で幅9cm以上の木材の筋交いを入れた軸組	1.5
④	厚さ4.5cm以上で幅9cm以上の木材の筋交いを入れた軸組	2
⑤	9cm角以上の木材の筋交いを入れた軸組	3
⑥	②〜④までに掲げる筋交いをたすき掛けに入れた軸組	2，3，4
⑦	⑤に掲げる筋交いをたすき掛けに入れた軸組	5
⑧	国土交通大臣の認定を受けたもの	0.5〜5
⑨	①または②に掲げる壁と②から⑥までに掲げる筋交いを併用した軸組	0.5〜5

● バランスチェック

①張り間方向の検討をする場合は桁行方向の，また桁行方向を検討する場合は張り間方向の両端から，それぞれ1/4の部分が 側壁部分

②側壁部分の壁量充足率を求める

（図中ⓐⓑの，それぞれの壁量充足率を求める）

壁量充足率＝側壁部分の存在壁量／側壁部分の必要壁量

存在壁量＝側壁部分の軸組長さ× p.18 表３の数値

（壁倍率）を p.18 表１の数値の下に書いておく

必要壁量＝側壁部分の床面積× p.18 表２の数値

③張り間方向，桁行方向のそれぞれで，両端の壁量充足率の，小さい方の大きい方に対する比（壁率比）を求め，0.5 以上であることを確認する．ただし，壁量充足率が１を越えていれば壁率比の検討は必要ない．

壁率比＝側壁部分ⓐの壁量充足率／側壁部分ⓑの壁量充足率

（ａの壁量充足率の方が小さいとき）

④これらを各階チェックする．

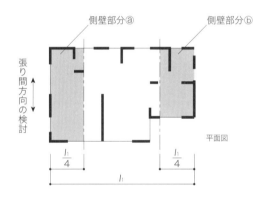
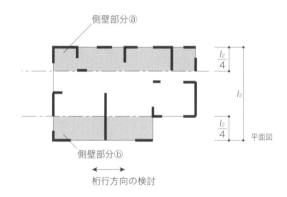

3 省エネルギー住宅と既存ストックについて

　地球環境負荷への取り組みとして住宅も対象となり，脱炭素社会へ向け，省エネルギー住宅の設計が必要になる現代社会．加えて少子高齢化社会を迎えた日本の住宅事情として，空き家などの既存ストックの利用も問題となっている．本書では，これらを踏まえ，省エネルギー設計に対応するための基礎的な設計製図の方法，及び既存ストックを利用する場合，リノベーションやリフォームを行うことにもなるので，過去，日本では木造建築がどのような工法で建築されてきたかを理解するために，新旧の工法での解説を交えて，設計製図の手法を解説していく．

　また，少子高齢化社会であることも加味し，下記の表の内容も設計の参考にすると良い．

（旧）長寿社会対応住宅の設計指針（補足基準）通則の抜粋

共通項目	(1) 部屋のつながり	基本生活空間（玄関，洗面所・脱衣室，浴室，便所，居間・食事室，高齢者等の寝室）は同一階配置
	(2) 段差	基本生活空間内の床及び出入口並びに基本生活空間をつなぐ廊下等の段差解消（居間の一角に設ける畳コーナー，浴室出入口，玄関の出入口，玄関の上がりかまち，バルコニー等への出入口等は除く）
	(3) 手すり	①手すりの設置［浴室］
		②手すりの設置または設置準備［玄関，廊下，住戸内階段，便所，洗面所・脱衣室］
	(4) 通行幅	①有効通路幅≧780mm（部分的に柱等が出ている箇所は750mm以上で可）
		②有効開口幅≧750mm［玄関］
		③有効開口幅≧750mm（建具に対し垂直にアプローチできる場合等は650mm以上で可）［洗面所・脱衣室，便所，居間・食事室，高齢者等の寝室］
		④有効開口幅≧600mm［浴室］
	(5) 仕上げ材	滑りにくい床仕上げ［玄関，廊下，住戸内階段，洗面所・脱衣室，浴室，便所，台所，居間，食事室，高齢者等の寝室］
	(6) 温熱環境	コンセントの設置［洗面所，脱衣室，便所］
空間別	(7) 玄関	上がりがまちの段差≦180mm，それを超える場合は式台を設置（土間と式台との段差及び式台と上がりがまちとの段差を各々180mm以下とする．）
	(8) 住戸内階段	①片側に手すり設置（勾配が45°を超える場合は両側設置）
		②勾配≦22/21，踏面(T)≧195mmかつ550mm≦T+2R≦650mm　(R)：けあげ
		③2以上の照明器具または足元灯の設置
		④上階床及び踊り場から下3段以内は曲がり部分不可
	(9) 浴室	①浴室の大きさは内法で，短辺≧1,300mm，広さ≧2.0㎡
		②出入口の単純段差≦120mm，かつ，単純段差20mm超の場合は縦手すりを脱衣室側に設置，浴室側に設置準備（2階以上の階に設置される浴室で，またぎ段差が生じる場合は，またぎ段差≦180mm，浴室内外の高低差≦120mm，縦手すりを脱衣室側に設置，浴室側に設置準備）
		③建具の鍵は外からでも解錠可能なものを使用
		④浴室洗場から浴槽縁までの高さ300mm～500mm，すのこによる段差解消も可
		⑤戸の普通ガラス使用禁止（使用する場合は強化ガラス，合わせガラス，または樹脂板）
	(10) 便所	①便器は洋式便器
		②内開き戸の使用不可
		③建具の鍵は外からでも解錠可能なものを使用

■ 省エネルギー住宅の概要

　本書における建築設計製図においては，現行法の「建築物のエネルギー消費性能の向上に関する法律」(以下、省エネ法．非住宅にも関わる法律となる)は，断熱材を作図する箇所以外は該当しないが，実務レベルではp.17の構造計算対象規模などと同様，設計する住宅の省エネ性能の説明義務(顧客に対して)や，建築確認申請時にも省エネ法の審査もされるので無視できない内容である．省エネ住宅の設計内容は，非常に多岐にわたり，計画地によっても手法が変わるため，ここでは大項目のまとめまでとするが，噛み砕いて解釈すると，断熱効果(気密)を高めて，エアコン等の消費電力を抑え，効率よく，少ない電力である一定の安定した室温の快適な住宅を設計することで電力量を抑えた結果，二酸化炭素の排出量が減り，地球環境負荷への対策となるというのが省エネ法の目的である．

● 省エネ地域区分

　省エネ法が施工されてから，地域区分の変動はあるものの，2021年から北海道から沖縄県までを1地域～8地域として8つの地域に区分している．主に各市町村ごとに区分されているため，計画時には国土交通省などのホームページにて計画地が1～8地域のいずれに該当するか調べることが必要となる．地域区分されている理由だが，各地域の暑さ・寒さなどの気候，自然環境が当然異なるため，各地域に見合った省エネ性能数値が設定されており，その省エネ性能数値をクリアする必要がある．

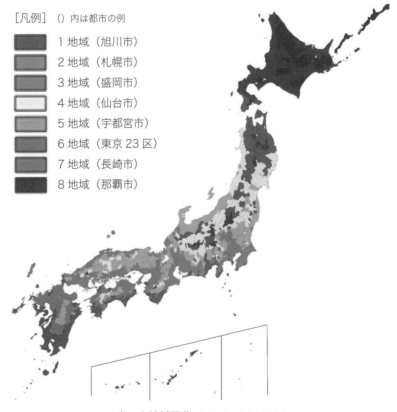

省エネ地域区分（国土交通省資料より）

第1章　建築製図の基礎知識　**21**

● 外皮性能と一次エネルギー消費量

　各省エネ地域区分に設定されている省エネ数値だが，最初に「規制措置」と「誘導措置」から省エネ数値が構成されており，規制措置数値は文言通り適合必須となり，誘導措置数値は規制措置以上の省エネ性能を有する数値となる．各誘導措置の数値に設計できれば，建築基準法の容積率緩和の特例（10％緩和等）を受けられる．

　ここで設定されている省エネ数値は，「外皮性能」と「一次エネルギー消費量」の2つに大きく分かれる．外皮性能は主に，断熱材性能とサッシ性能の評価数値から建築物全体としての省エネ数値を計算する．一次エネルギー消費量は主に，エアコンや給湯器，太陽光パネルなど設備関係の消費電力を建築物全体として省エネ数値を計算する．各計算方法はここでは省略するが，サッシメーカーなどのホームページ内のシュミレーターで計算も可能ではある．ただし，計算が可能なだけで各建材の特性・性能等は設計者が理解していない限り，シュミレーターで計算できないと考えてほしい．ここでは細部まで説明することが難しいため，各省エネ数値の値のみ簡単に記載する．

・UA値：外皮性能の数値として，外皮（建築物の外壁）1㎡から平均して，何W（ワット）の熱が逃げるかを表す．数値が小さいほど性能が良いことになる．

・U値：各部位の熱の逃げやすさを表す．熱の損失量を補正する数値．係数となる．

・Q値：「熱損失係数」といい，建築物全体での熱の逃げやすさを表す数値．数値が小さいほど性能が良いことになる．計算でなく，現地にて機器を用いて測定する．

・BEI（Building Energy Index）：一次エネルギー計算時において算出される数値．設計一次エネルギー消費量を基準一次エネルギー消費量で除した数値．数値が小さいほど性能が良いことになる．

※一次エネルギーとは主に自然エネルギー（石油，天然ガス，風力，水力など），二次エネルギーとは加工後の都市ガス・電気などの一次エネルギーから変換された 一般的に使用可能なエネルギーを指す．

第 2 章　木 造 住 宅

例　題

「老人室のある専用住宅」（木造2階建）

1.　設計条件

敷地内に老人室のある専用住宅を計画する.

老人室を考慮し，その他の居間，食事室・台所を計画する.

（1）敷地

ア．形状，道路との関係，方位等は下図(略)のとおりである.

イ．第一種住居地域内にあり，防火・準防火地域の指定はない.

ウ．建ぺい率の限度は60%，容積率の限度は200%である.

エ．地形は平たんで，道路及び隣地との高低差はなく，地盤は良好である.

オ．電気，都市ガス，上水道及び公共下水道は完備している.

（2）構造及び階数

木造2階建とする.

（3）延べ面積

180㎡以上210㎡以下とする（ピロティ，玄関ポーチ，屋外テラス，駐車スペース，駐輪スペース等は，床面積に算入しない）.

（4）家族構成等

夫婦（40歳代），夫の母，子供3人（男子高校生，男子中学生，女子小学生）

（5）所要室

所要室	設置室	特記事項
玄関ホール 居　　　間 食事室・台所	1階 〃 〃	・3㎡以上の納戸を設ける ・洋室19㎡以上とする ア．洋室23㎡以上とする イ．対面型のキッチンとする ウ．1室にまとめる
老　人　室 浴　　　室 洗面・脱衣室 便　　　所	〃 〃 〃 〃	・和室10帖とし，押入を設ける ・3㎡以上とする ・3㎡以上とする ・広さは芯々1,365mm×1,365mm以上とする
夫　婦　室 子供室（3室） 浴　　　室 洗面・脱衣室 便　　　所	2階 〃 〃 〃 〃	・洋室19㎡以上とし，その他に収納を設ける ・1室につき洋室9㎡以上とし，その他にそれぞれ収納を設ける ・3㎡以上とする ・3㎡以上とする ・広さは芯々1,365mm×1,365mm以上とする
そ　の　他 （廊下，階段等）	適宜	・1階の廊下の幅は，芯々1,365mm以上とする

（注）居間，食事室，台所及び夫婦室には，採光及び通風を確保するための窓等の開口部を2か所以上設ける

（6）駐車スペース，駐輪スペース

敷地内に，小型乗用車（5人乗り）1台分の屋外駐車スペース及び5台分の屋外駐輪スペースを設ける.

（※敷地図は省略しました）

2.　要求図面等

a．次表により，答案用紙の定められた枠内に記入する．ただし，寸法線は枠外にはみ出して記入してもよい.

b．図面は黒鉛筆仕上げとする（定規を用いなくてもよい）.

c．記入寸法の単位は，mmとする．なお，答案用紙の1目盛は4.55mm（矩計図にあっては，10mm）である.

要求図面 （　）内は縮尺	特記事項
（1）1階平面図 兼配置図 （1/100） （2）2階平面図 （1/100）	ア．敷地境界線と建築物との距離，建築物の主要な寸法を記入する イ．1階平面図兼配置図に，屋外テラス，門，塀，植栽，駐車スペース，駐輪スペース等を記入する ウ．室名を記入する エ．台所設備機器（流し台，調理台，ガス台等），浴槽，洗面器，便器，洗濯機置場その他必要と思われるものを記入する オ．「通し柱」を○で囲み，「耐力壁」には△印をつける （注）・「耐力壁」とは，筋かい等を設けた壁をいう カ．2階平面図に，1階の屋根伏図（平家部分がある場合）も記入する キ．矩計図の切断位置を記入する
（3）立面図 （1/100）	南側立面図とする
（4）矩計図 （1/20）	ア．切断位置は1階2階それぞれの開口部を含む部分とする イ．作図の範囲は柱芯から1,000mm以上とする ウ．矩計図としての支障のない程度であれば，水平方向，垂直方向の作図上の省略は行ってもよいものとする エ．主要部の寸法等（床高，天井高，階高，軒高，軒の出，ひさしの出，開口部の内法寸法，屋根の勾配）を記入する オ．主要部材（基礎，土台，柱，大引，1階根太，胴差，2階梁，2階根太，桁，小屋梁，もや，たるき）の名称・断面寸法を記入する カ．床下換気口の位置・名称を記入する キ．アンカーボルト及び羽子板ボルトの名称・寸法を記入する ク．外気に接している次の部分の断熱措置を記入する 　・屋根（小屋裏又は天井裏が外気に通じている場合は，屋根の直下の天井） 　・外壁 　・1階床 　・その他必要と思われるもの ケ．室名及び内外の主要な部位（屋根，外壁，床，内壁，天井）の仕上げ材料名を記入する
（5）面積表	ア．建築面積，床面積及び延べ面積を，答案用紙の面積表に記入する イ．建築面積及び床面積は，計算式も記入する ウ．数値は，小数点以下第2位までとし，第3位以下は切り捨てる

第2章　木造住宅　**23**

設計者は，住宅計画を行う場合，特に前章でもふれたように高齢者と省エネに対応する様々な要件を理解する必要がある．

1 計画

(1) 寸法および各室の広さを決める

木造の設計製図では，在来軸組工法でもツーバイフォー工法でもよいが，在来軸組工法では寸法の押え方は，いわゆる3尺モデュールで計画していく．ここでは1階平面図兼配置図，2階平面図，立面図（断面図，伏図）は100分の1の縮尺で作図する．

わが国の木造建築の長さの単位は，古来より3尺をひとつの基本単位としてきたために，現在でも木造建築の基本単位として3尺モデュールを使用している．実際にはメートル換算して（1尺＝30.303cm）3尺を91cmとして計画しているために，用紙の半グリッドが100分の1で45.5cmとなっている．すなわち1グリッドで91cmとなり，1グリッドを計画上の基本単位としてプランニングすることになる．

たとえば，6帖の部屋は3グリッド×4グリッド，すなわち2,730mm×3,640mmとなる．なお長さにおける数値は，ミリメートル単位で記入する．

方眼紙　　　　　　　　　1グリッド・半グリッド

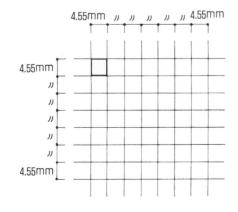 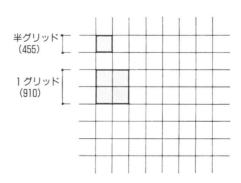

(2) 配置計画

建築物を，敷地のどの位置に配置するかを決定するためには，延べ面積条件および所要室条件から，建築物のプロポーション・形状・ボリュームを決めなければならないが，敷地形状によってもそのプロポーション・形状・ボリュームは大きく変わってくる．建物のプロポーション・形状・ボリュームを検討する上で，敷地境界線からの離隔距離のセオリーを下記に示す．

 a. 道路境界線からの離隔距離の目安
  ①東側・西側・北側の場合
   2グリッド（1,820）（≧ 1.5 グリッド）
  ②南側（一方向道路，屋外駐車）の場合
   6グリッド（5,460）以上
 b. 隣地境界線からの離隔距離の目安
  ①東側・西側の場合　1.5～2グリッド（1,820）
  ②北側の場合　1.5グリッド（1,365）
  ③南側の場合　4グリッド（3,640）以上
  ＊敷地の形状・大きさによる．

配置計画をする上で，上記のような離隔距離を確保して計画したい．

また，人間と車の動線分離は当然であるが，さらに併用住宅の場合は，住宅部分へのアプローチと併用部分へのアプローチの完全な分離も大切である．

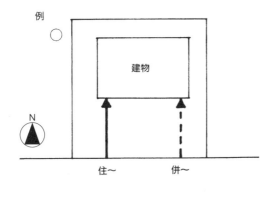

明確な動線分離

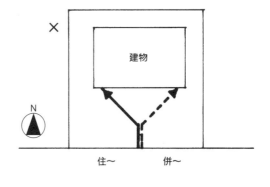

不十分な動線分離

第2章　木造住宅

◳ 北側 一方向道路（車1台の場合）

◎駐車スペース分として最低でも幅4グリッド（3,640）を西側（東側）に確保する．

◎東側（西側）の隣地境界線とのアキは2グリッド（1,820）を確保する．

◎南側のアキは最低4グリッド（3,640）以上を確保する．

◎道路側のアキは，スロープを計画する場合のことも考慮して，3グリッド（2,730）を確保する．

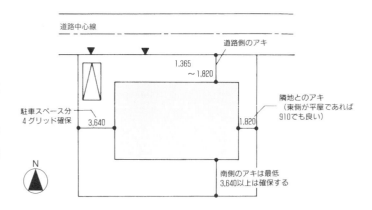

◳ 北側 一方向道路（車2台の場合）

◎駐車スペース2台分として，幅7グリッド（6,370），奥行6グリッド（5,460）を確保する．

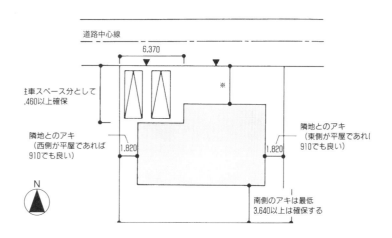
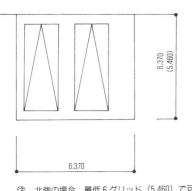

◎東側・西側の隣地境界線とのアキは2グリッド（1,820）を確保する．

◎南側のアキは，最低4グリッド（3,640）以上を確保する．

◎道路側のアキは，最低3グリッド（2,730）を確保し，駐車スペースとの取合から検討する．
　また，※のアキ＜南側のアキ　とする．

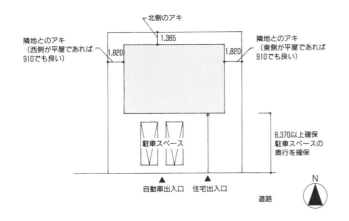

南側 一方向道路の場合

◎東側・西側の隣地境界線とのアキは，2グリッド（1,820）を確保する．

◎北側の隣地境界線とのアキは，1.5グリッド（1,365）を確保する

◎南側のアキは，最低4グリッド（3,640）以上を確保し，駐車スペースをとる場合は，7グリッド（6,370）以上を確保する．

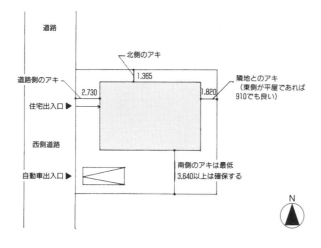

西側（東側）一方向道路の場合

◎東側（西側）の隣地境界線とのアキは，2グリッド（1,820）を確保する．

◎北側の隣地境界線とのアキは，1.5グリッド（1,365）を確保する．

◎南側のアキは，最低4グリッド（3,640）以上を確保する．

◎道路側のアキは，スロープを計画する場合のことも考慮して，3グリッド（2,730）を確保する．

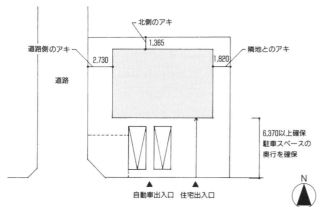

二方向道路に接道している角地の場合

西（東）・南の二方向と，西（東）・北の二方向に分けられるが，基本的には，一方向道路の場合と同じセオリーで考える．

(3) 平面計画

平面計画は，建築設計においてきわめて重要な作業であり，計画上の最も基本となるものである．わが国の気候や風土に根ざした計画のセオリーを理解しなければならない．

平面計画をする上でまず行う作業はゾーニングである．ゾーニングとは，関連している各所要室をおおまかなグループに分類することである．たとえば便所，浴室，洗面所などはサニタリーゾーンであり，居間，食事室，台所はパブリックゾーン，夫婦室や子供室はプライベートゾーンとなる．

次にそれぞれのゾーンを，建物のどの方角に配置するのが良いかを決めるのであるが，おおよそ下記のような分類となる．

第2章 木造住宅 **27**

a. 南向きにしなければならない部屋
   居間, 高齢者室, 夫婦室, 子供室など
b. 北向きでもよい部屋
   玄関, 廊下, 階段, 納戸, 浴室, 洗面脱衣室, 便所など
c. 東・西・南・北どちらでもよい部屋
   台所, 予備室, 食事室など

大まかなゾーニング

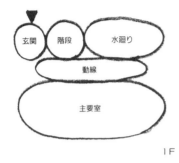

各所要室をはめ
込んでみる

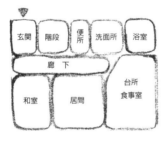
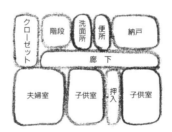

グリッドラインに
そって各所要室の
大きさ，形状を
決める

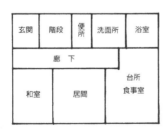

（4）構造計画

木構造において構造計画を行うには，特に併用住宅では，1階の空間が専用住宅より大きな空間を必要とすることが多いために，構造的な配慮が必要である．

以下，ケーススタディの平面図（p 31参照）に従った各階伏図を示したので参考にされたい．

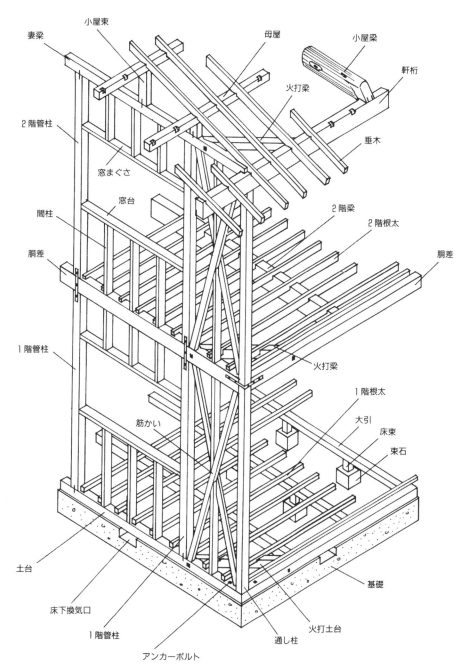

根太組の場合

第2章　木造住宅　**29**

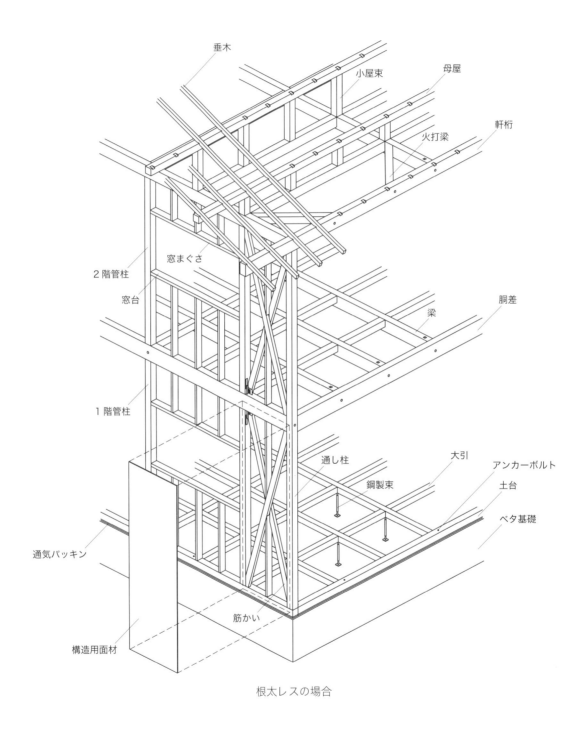

根太レスの場合

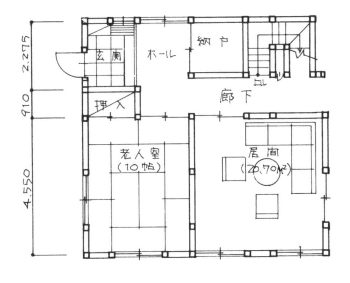

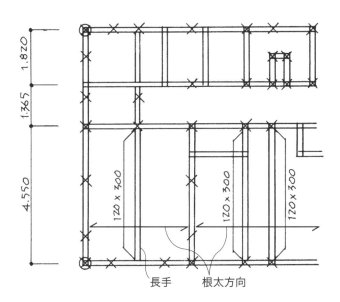

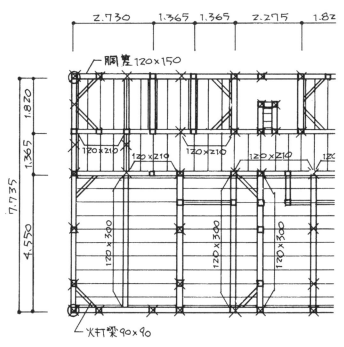

■ 1階平面図

1. 1階の柱の位置は，部屋の角に必要で，2階の平面計画との関係で考える．
2. 柱のない5グリッド（4,550）角以上の空間を計画しないこと．
   5グリッド×5グリッド（12.5畳相当）
   5グリッド×6グリッド（15畳相当）
   5グリッド×7グリッド（17.5畳相当）
   などは良いが
   6グリッド×6グリッド（18畳相当）
   6グリッド×7グリッド（21畳相当）
   などは，構造計画的に無理を生じるのでやめたい．
   ＊1,820以内に柱を入れる．

■ 2階梁伏図

1. 2階梁伏図は，2階の床や1階の柱と上下が一致していない2階の柱を，どのような梁で，どの方向で受けるのかを指示している図面である．
2. 基本的に梁は，空間の短辺方向に掛けるが，2階床下地の根太方向も同時に考える．
3. できるだけ1階の柱があるところに掛ける．1階の空間計画上可能ならば，梁を受けるために柱を入れても良い．
   ＊1階界壁の上部には必ず梁が必要．

■ 2階床伏図

1. 2階の床根太の大きさは一般的に45×105なので，2グリッド（1,820）ずつに梁を入れ，根太を受ける．
2. 外周部は胴差で建物を固めているが，隅に火打梁を入れて水平剛性を増す．

第2章 木造住宅

■ 2階平面図

1. 2階の柱は，屋根をささえることを考えて計画しなければならない．
2. 柱は基本的に，2グリッド（1,820）以内に1本入れる．
   ＊部屋の角に必要．

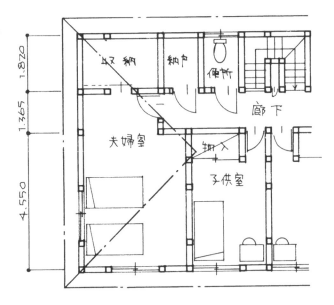

■ 小屋梁伏図

1. 小屋梁は，母屋をささえることも大切な働きなのだが，母屋の大きさは一般的に90×90なので2グリッド（1,820）ずつ入れたい．ただし，壁や柱がある場合はその必要はない．

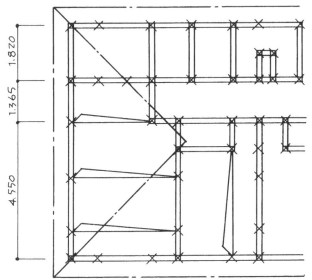

■ 小屋伏図

1. 母屋は，小屋梁または2階の壁や柱のある部分で，小屋束を介してささえられる．
2. 母屋は垂木をささえるために，1グリッド（910）ずつに入れる．
3. たる木は，屋根の勾配方向に半グリッド（455）ずつに配されて，野地板および屋根仕上材をささえる．

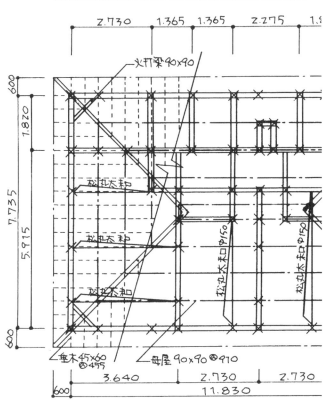

基礎伏図

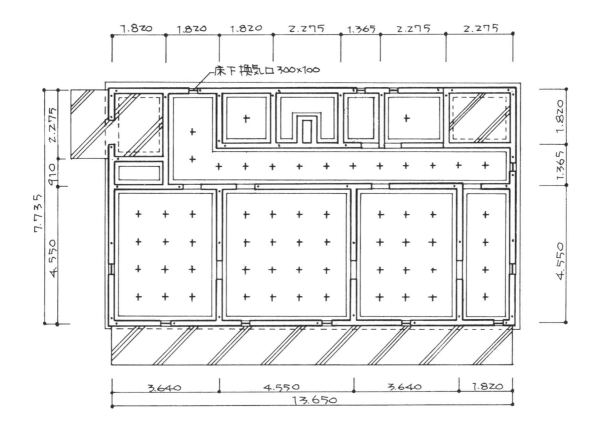

1階床伏図

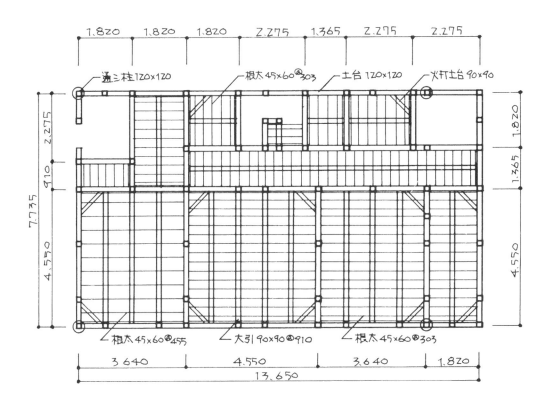

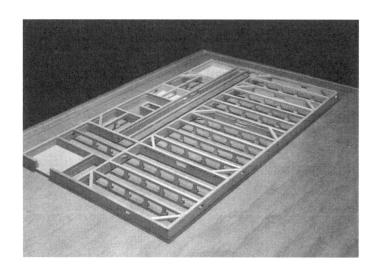

2階床伏図

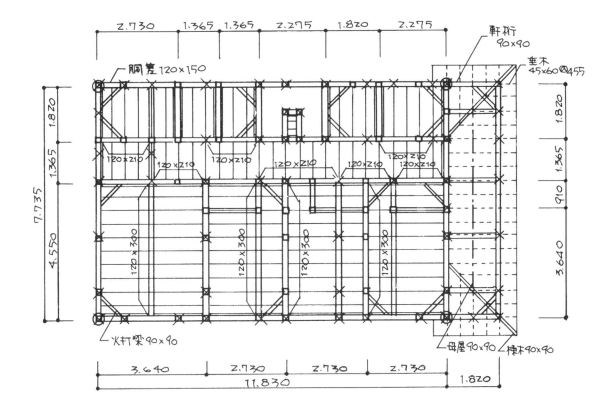

■ 2階梁伏図の書き方

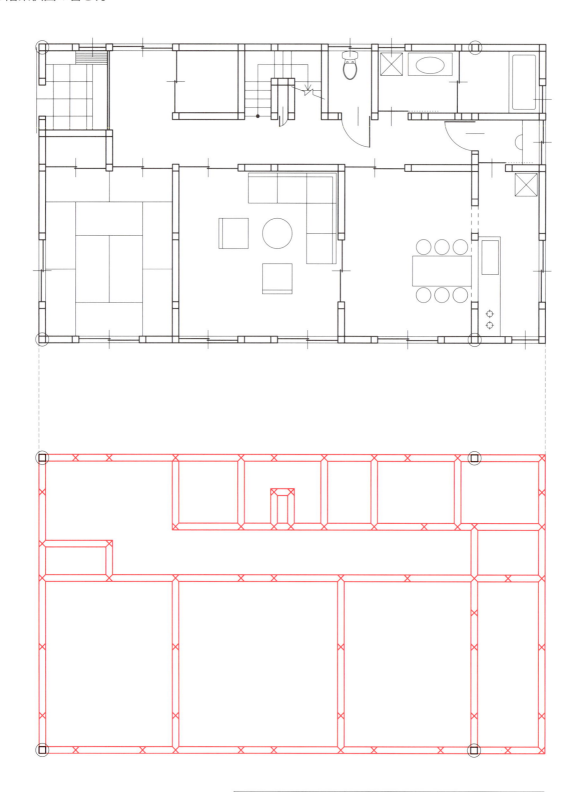

1. 1階平面図を用意し，各部屋を梁でつなぐ（建具間も梁でつなぐ）
2. 1階柱を「×」として記入．通し柱は1階平面図を同じく作図

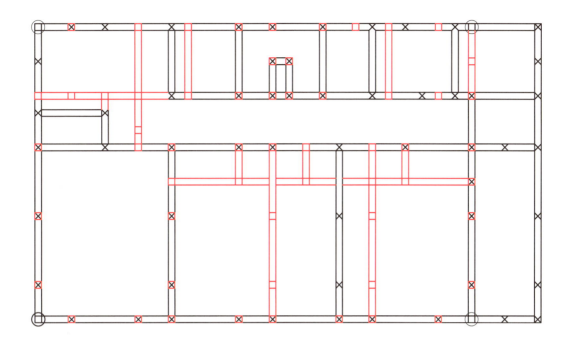

1. 2階柱を作図する
2. 2階柱と2階内壁を支持できるように小梁および2階外壁不足分の桁を作図する

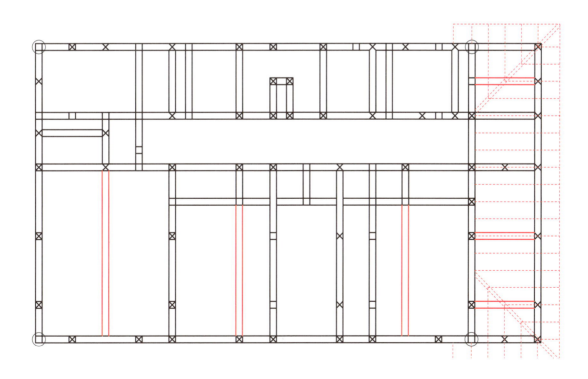

1. 1階下屋の作図を行う
2. 2階床の根太組のための小梁を追記する（短手1820mm以内に梁があることを確認）

第2章　木造住宅　**37**

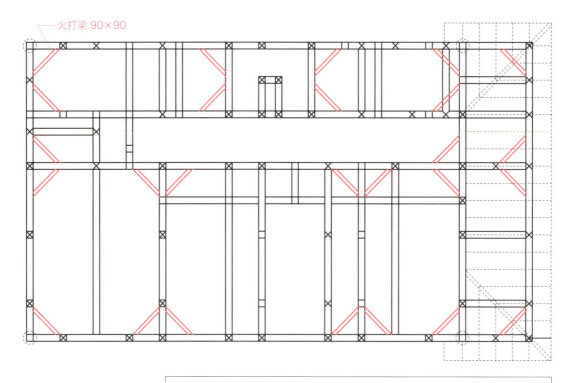

火打梁を入れていく．火打梁を入れる位置は構造上バランスよく入れる必要があるため，位置の決定が難しいが，基本的には建物の四隅に入れて，あとは部屋の状況などを加味して入れていく

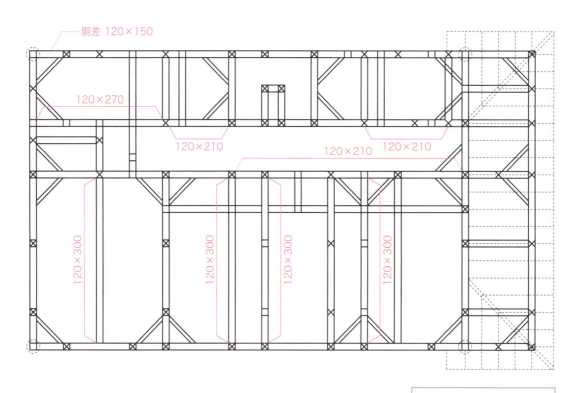

梁の寸法を入れていく

小屋伏図

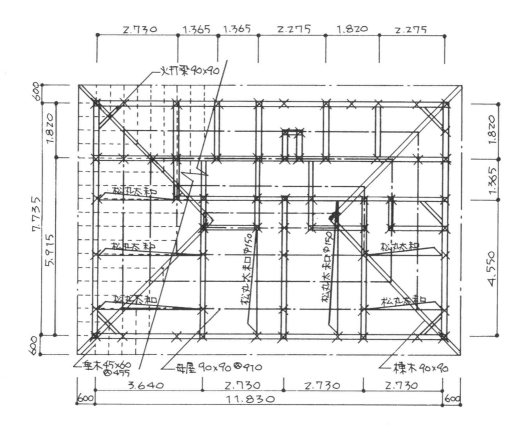

第2章 木造住宅

◎模型で理解する木構造

2 ケーススタディ

(1) 設計条件

p.23の例題を使ってケーススタディする．

例題「老人室のある専用住宅」(木造2階建)

設計条件

敷地内に老人室のある専用住宅を計画する．

老人室を考慮し，その他の居間，食事室・台所を計画する．

(1) 敷地

　ア．形状，道路との関係，方位等は下図のとおりである．

　イ．第一種住居地域内にあり，防火・準防火地域の指定はない．

　ウ．建ぺい率の限度は60％，容積率の限度は200％である．

　エ．地形は平たんで，道路及び隣地との高低差はなく，地盤は良好である．

　オ．電気，都市ガス，上水道及び公共下水道は完備している．

(2) 構造及び階数

　木造2階建とする．

(3) 延べ面積

　180㎡以上210㎡以下とする．

　(ピロティ，玄関ポーチ，屋外テラス，駐車スペース，駐輪スペース等は，床面積に算入しない)．

(4) 家族構成等

　夫婦(40歳代)，夫の母，子供3人(男子高校生，男子中学生，女子小学生)

(5) 所要室

所要室	設置階	特記事項
玄関ホール	1階	・3㎡以上の納戸を設ける
居間	〃	・洋室19㎡以上とする
食事室・台所	〃	ア．洋室23㎡以上とする イ．対面型のキッチンとする ウ．1室にまとめる
老人室	〃	・和室10帖とし，押入を設ける
浴室	〃	・3㎡以上とする
洗面・脱衣室	〃	・3㎡以上とする
便所	〃	・広さは芯々1,365mm×1,365mm以上とする
夫婦室	2階	・洋室19㎡以上とし，その他に収納を設ける
子供室(3室)	〃	・1室につき洋室9㎡以上とし，その他にそれぞれ収納を設ける
浴室	〃	・3㎡以上とする
洗面・脱衣室	〃	・3㎡以上とする
便所	〃	・広さは芯々1,365mm×1,365mm以上とする
その他 (廊下,階段等)	適宜	・1階の廊下の幅は，芯々1,365mm以上とする

(注) 居間，食事室，台所及び夫婦室には，採光及び通風を確保するための窓等の開口部を2か所以上設ける

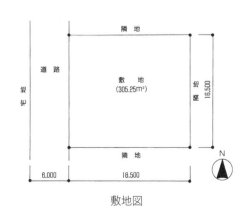

敷地図

第2章　木造住宅　41

(6) 駐車スペース，駐輪スペース

敷地内に，小型乗用車（5人乗り）1台分の屋外駐車スペース及び5台分の屋外駐輪スペースを設ける．

(2) 例題からエスキースをしてみる

1. 設計条件の検討

まず課題文にある「老人室を考慮し，その他の居間，食事室・台所を計画する」より，バリアフリーに対応する．

◎玄関，廊下，階段，便所，洗面・脱衣室，浴室には，手すりを設ける．

◎廊下，便所，浴室等の幅，広さに考慮する．
（例題では，所要室条件に廊下，便所の幅及び，大きさの指定がある．）

◎玄関ポーチにスロープを設け，手すりをつける．

◎1階の共用部分の出入口の幅に考慮し，出来るかぎり，引戸とする．

次に主要室の日当たりに配慮する．

この例題の場合
- 1階　老人室
　　　居　間
　　　食事室・台所
- 2階　子供室（3室）
　　　夫婦室

※夫婦室の所要室条件に，「採光及び通風を確保するための窓等の開口部を2か所以上設ける」とあり，したがって，西側の角または，東側の角に配置することが予想される．

2. 建物規模の検討

◎指定延べ面積「180㎡以上210㎡以下とする」より，中間値の195㎡を目安に計画を進める．

◎まず，総2階で，検討を始める．

　　195㎡ ÷ 2階 ＝ 97.5㎡

　　北側から水廻りゾーンを2グリッド
　　　　　廊下ゾーンを1.5グリッド
　　　　　主要室ゾーンを5グリッド
　　として考えて，奥行を8.5グリッド（7,735）と仮定する．

　　97.5㎡ ÷ 7,735 ≒ 12.60m となり

　　0.91の倍数に調整すると
　　　（12.60m ÷ 0.91 ≒ 13.84 → 14グリッド）
　　　0.91 × 14 ＝ 12.74m となる．

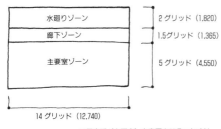

※居室系（主要室）を南面させる＝セオリー

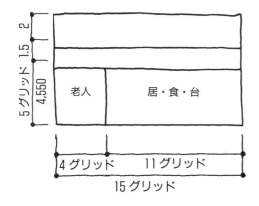

主要室は，基本的に南側に配置し，奥行5グリッド（4,550）の中で計画することを前提に，

1階（＊要求より）
老人室10帖（1帖1.65㎡より）　　16.5㎡
居　間　　　　　　　　　　　　19.0㎡
洋　室　　　　　　　　　　　　23.0㎡
　　　　　　　　　　　　　　　58.5㎡ → 59㎡

59㎡ ÷ 4.55 m（奥行き）＝ 12.967 mとなり，
仮定した間口12.74 mでは，納まらない．
よって，1階間口は12.967 mより大きい
⇒ 13,650 m（15グリッド）とする．

1階　仮定床面積は
　　7.735 m（奥行）× 13.65 m（間口）≒ 105.58㎡

2階は，
　　195.00㎡　　　−　　105.58㎡　　＝ 89.42㎡
（延べ面積の中間値）（1階 仮定床面積）

89.42㎡ ÷ 7.735 m（建物の奥行）≒ 11.56m
0.91の倍数に調整すると，
　　（11.56 ÷ 0.91 ＝ 12.7 → 13グリッド）
　　0.91 × 13 ＝ 11.830m（2階間口）

2階　仮定床面積は，
　　7.735 m（奥行）× 11.830 m（間口）≒ 91.50㎡

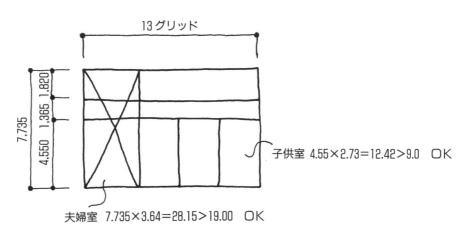

2階主要室も納まる．

よって，一部平家建となる．
　1階　床面積　　　　　　105.58㎡
　2階　床面積　　　　　　 91.50㎡
　延べ面積　　　　　　　 197.08㎡　（ほぼ中間値）

1階と2階の差は
　　105.58㎡ − 91.50㎡ ＝ 14.08㎡ となる．

3. 建物の形状・ボリュームと位置の決定

a. 前項（p.22）の「配置計画」で記したように，敷地形状から建物の形状・ボリュームを決定する．

b. 敷地条件・設計条件により軸線の検討

　　敷地条件
　　　　◎西 一方向道路
　　　　◎小型乗用車1台分の屋外駐車スペース
　　　　　3,640（4グリッド）× 6,370（7グリッド）
　　　　◎5台分の屋外駐輪スペース
　　　　　1台当たり　600 × 1,820
　　　　　5台で　　　3,000 × 1,820

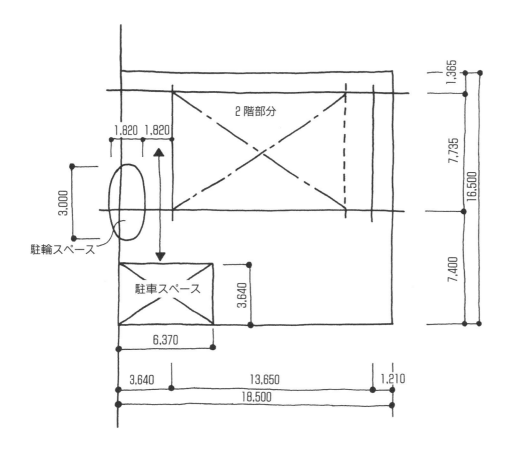

一部平屋建となる部分を東側に配置すると，東側の隣地のアキは910以上でよく，1,210とすると，道路側は3,640（4グリッド）となり，駐輪スペースからのアプローチ幅も1,820（2グリッド）となる．

c. ゾーニング

設計条件に従って各ゾーンを分類する.

1階では

◎人と車の動線分離をはっきりとつける.

◎主要室の日当りに配慮して居間,老人室を南側に(設計条件).

◎台所・食事室は1室にまとめる(所要室の特記事項).

◎玄関と駐車スペース,玄関と階段は隣接しているのが望ましいが,東・西道路の場合は必ずしもこだわらなくてもよい.

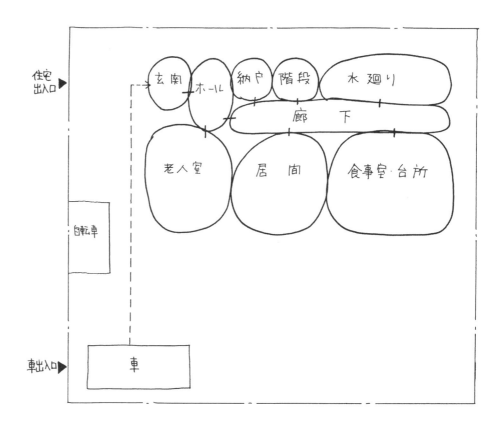

2階では

◎主要室の日当りに配慮して,夫婦室,子供室(3室)を南側に(設計条件).

◎収納は夫婦室から直接行き来できるようにする(所要室の特記事項).

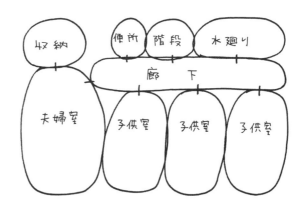

d．エスキースをする

　　a．で決定した建物の大きさで，各所要室を設計条件に従った広さでエスキースをする．

1 階

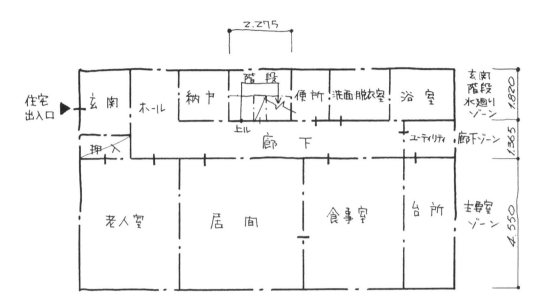

2 階

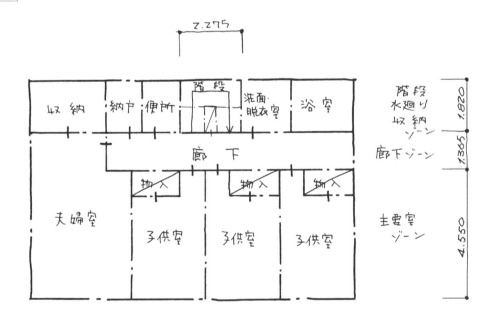

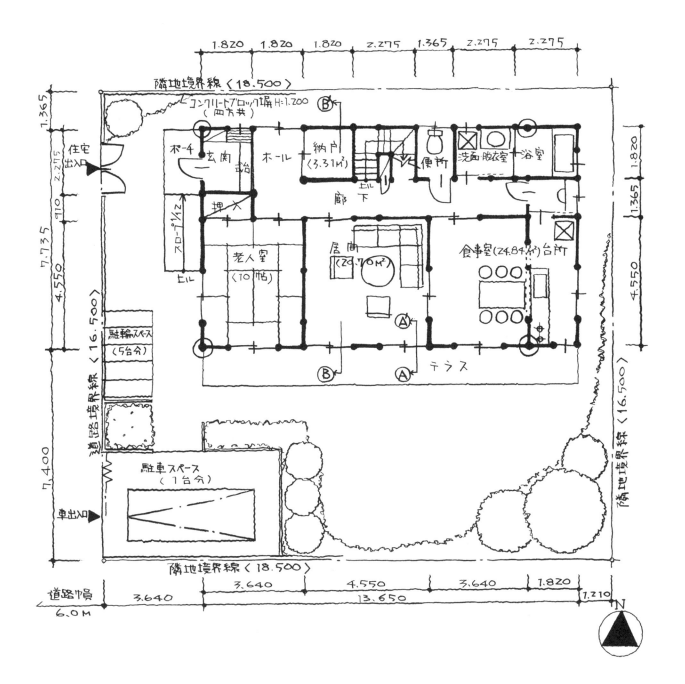

2階

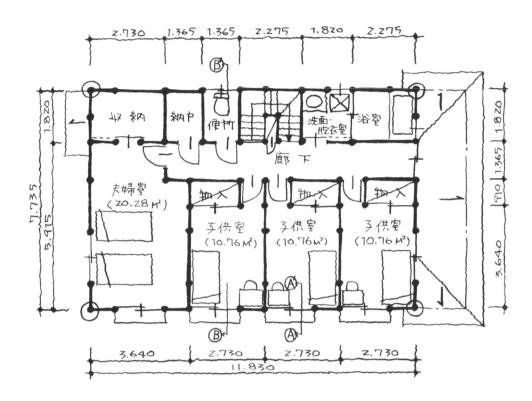

建築面積　　　105.58㎡
1階床面積　　105.58㎡
2階床面積　　 91.50㎡
延べ床面積　　197.08㎡

◎柱の位置をはっきりと印を付ける．
◎通し柱の位置を明確に．
◎各所要室の面積を記入する．
◎建築面積，各階床面積，延べ床面積を計算しておく．
◎矩計図または断面図の切断位置を明示しておく．
◎2階エスキースには，必ず1階部分の屋根伏図を記入する．

3 作図

（1）要求図面

p.23 の要求図面は以下のとおりである．

- a. 1階平面図兼配置図（1/100）

  敷地における建物の位置寸法，門，塀，植栽などを描く．

- b. 2階平面図（1/100）

  一部平家の場合は，1階の屋根伏図も描く．

- c. 立面図（1/100）

  本書では南立面とする．

  筋かい表示をする（一点鎖線）

  平面図や矩計図など，他の図面と整合するように気をつける．

- d. 矩計図（1/20）

  軒高，階高，床高などの高さや屋根勾配，梁，胴差し，土台，柱などの主要構造材の材質や寸法，根太，母屋，たる木などの，取り付け間隔およびそのサイズなどのほか，外部仕上，内部仕上など，特徴的な仕上を記入する．

- e. 断面図（1/100）

  軒高，階高，床高，開口部高，各室天井高，屋根勾配などを明示した建物全体を切断した図面．

- f. 伏図

（2）要求図面の描き方

- a. 作図の線は，p.7 で紹介しているように，太さで 2 種類，用途別で 3 種類ある．これらの線を使い分けて，細・太，濃・淡のハッキリした，メリハリのある図面を描くように心がけること．

- b. 作図を始めるとき，細い線（仮線）で建物の内外壁を一定の幅を取って描くが，柱や外壁，内壁の仕上を太い線で描いた後は，最初に描いた線は消す必要はない．

- c. 作図精度は重要である．作図精度の第一は，壁厚を一定の幅にすることである．また，流し台，便器，家具などのサイズを守ること．

  ◎壁厚は一定の幅に→ 20　＋　120　＋　40　＝　180mm

  内壁厚　　柱太さ　　外壁厚

第 2 章　木造住宅　**49**

◎家具・什器のサイズ（参考値）

名称	サイズ（幅×奥行）mm
ソファー（1人用）	800 × 800
ソファー（3人用）	1,800 × 800
食卓	1,600 × 800
食事用イス	400 × 400（φ400）
食器棚	900 × 400
冷蔵庫	600 × 600
流し台，ガス台	奥行き600（長さ1,800以上）
ベッド（シングル）	1,000 × 2,000
〃 （ダブル）	1,600 × 2,000
勉強机	900 × 600
浴槽	奥行き800（長さ1,000〜1,400）
洗面化粧台	800 × 600
洗濯機	600 × 600
下足箱	1,200 × 350
乗用車	1,820（2グリッド）× 4,550（5グリッド）

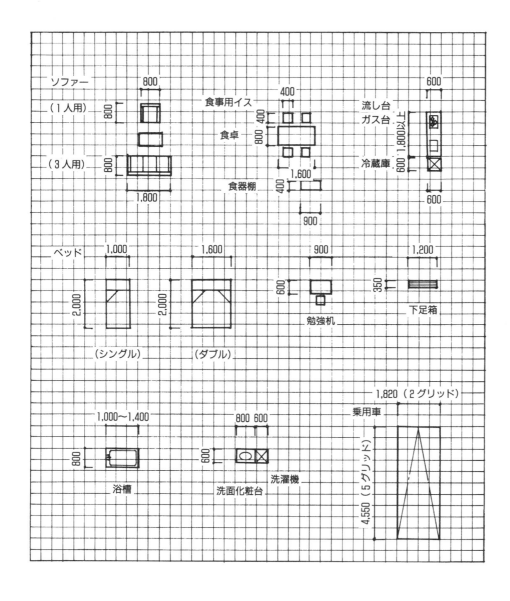

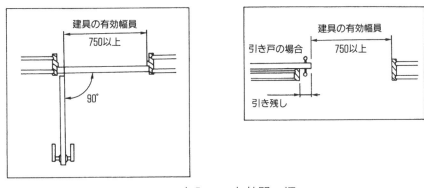

出入口の有効開口幅

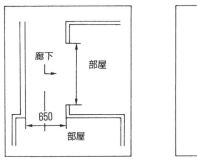
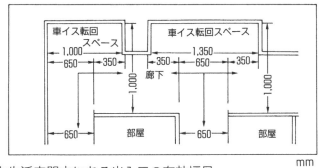

基本生活空間内にある出入口の有効幅員

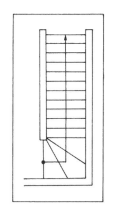
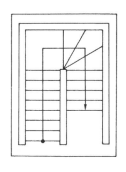
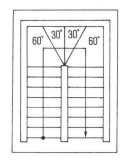

曲がり部分に階段を設ける例

1階平面図兼配置図・2階平面図

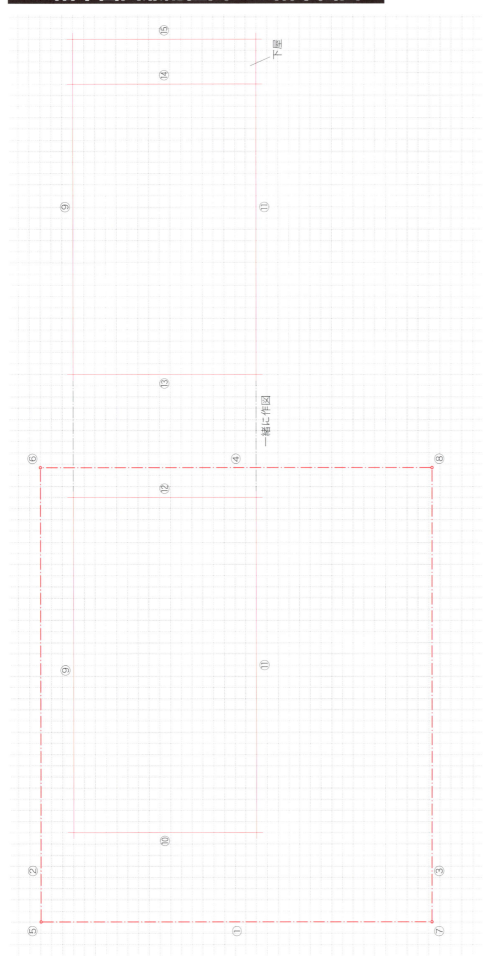

ステップ1
1. 道路境界線①を一点鎖線で記入
2. 隣地境界線②〜④を一点鎖線で記入
3. 敷地の四隅⑤〜⑧を丸でおさえる
4. 1階外壁の中心線⑨〜⑫を仮線で記入
5. 2階下屋も記入

ポイント！
1階と2階は、同じ方眼位置で、同時進行して描いていくと、作図時間を短縮できる

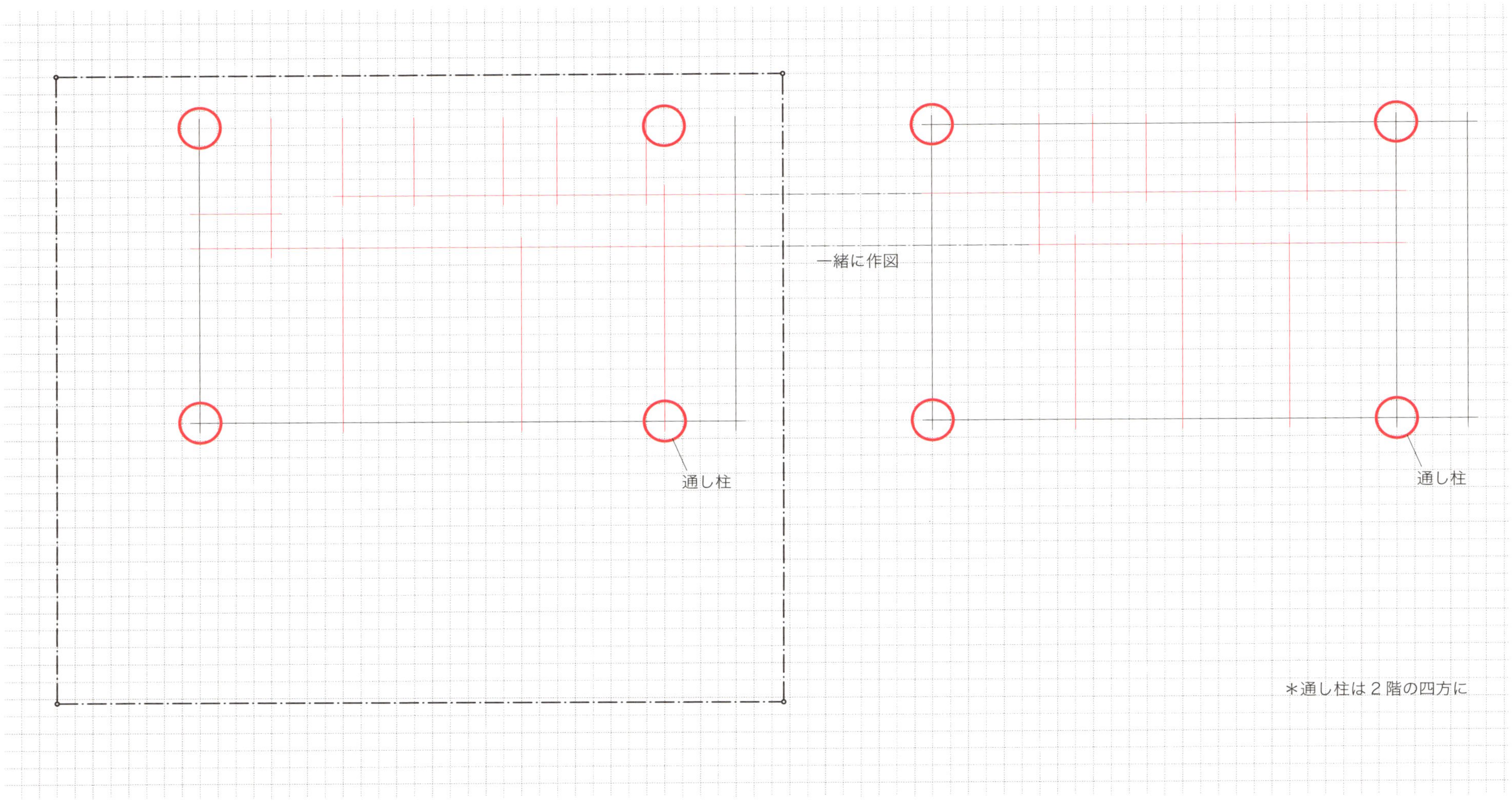

通し柱

一緒に作図

※通し柱は2階の四方に

通し柱

ステップ2
1. 1階、2階とも内壁の中心線を仮線で記入

ポイント！

・水廻りのゾーン、廊下、主要室とも、1階、2階をそろえて描く

・この時点で、1階と2階の通し柱の位置のチェックもしておく

第2章　木造住宅　**53**

ステップ 3

1. 壁厚を仮線で記入（厚さは 1.8mm）

2. 開口部の中心を細い実線で記入

2. 開口部の中心

一緒に作図

ポイント！

壁厚が均等になるように注意

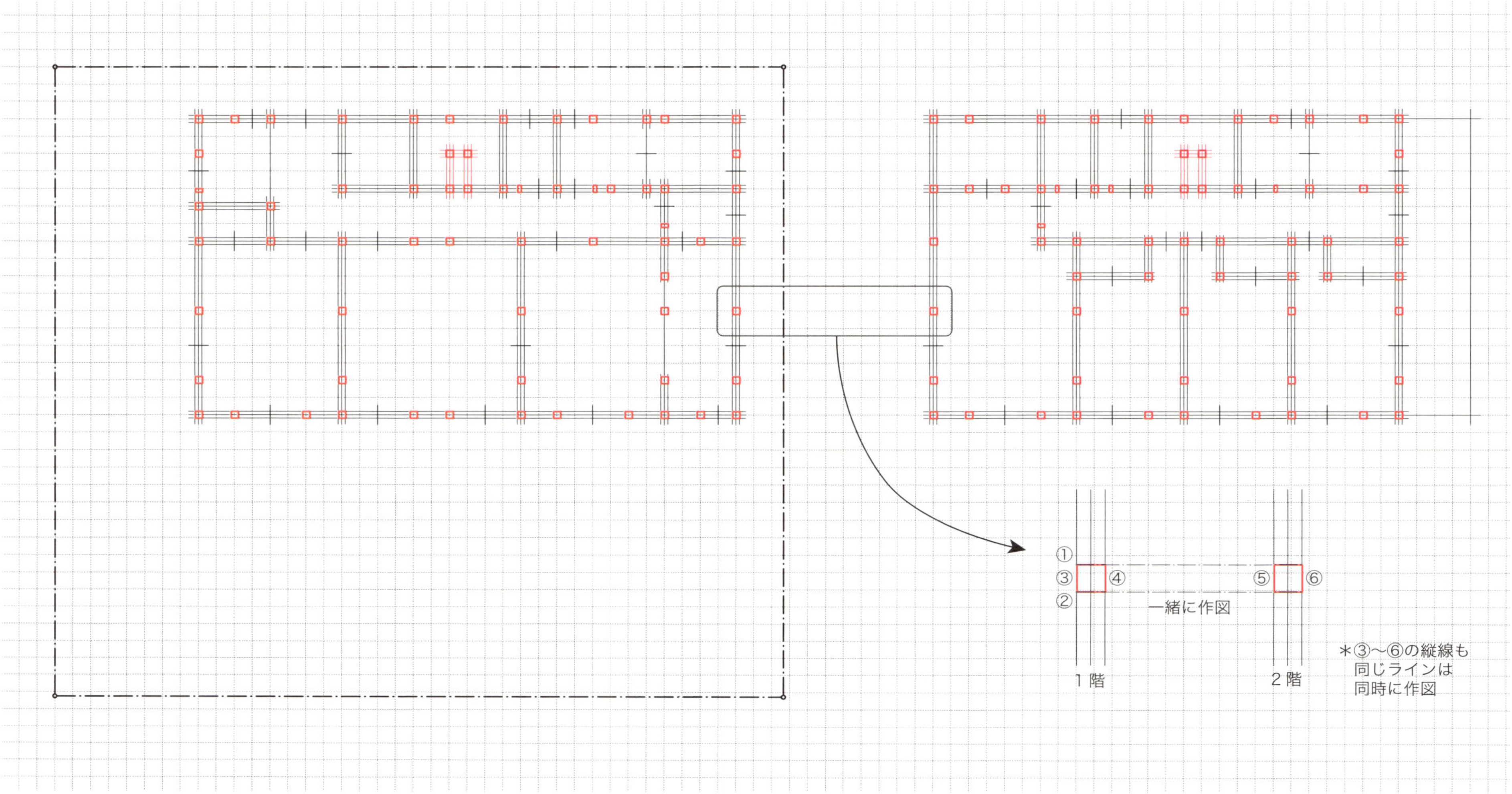

ステップ4

1. 柱の位置を太い実線で記入

*③～⑥の縦線も同じラインは同時に作図

一緒に作図

1階　①②③④　⑤⑥　2階

ポイント！

同じラインの柱を、1階と2階で並行して描く

第2章　木造住宅

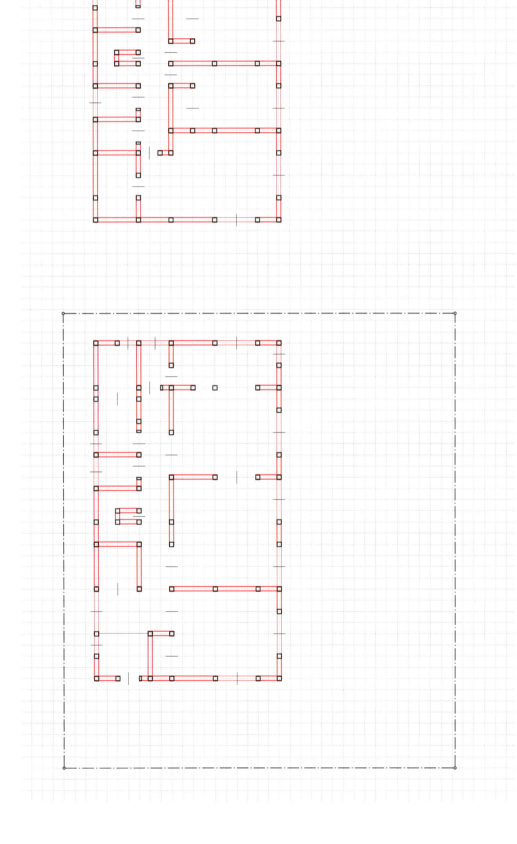

ステップ5
1. 壁を太い実線で仕上げる

ポイント!
開口部は、仮線のままとして、太い線は描かない

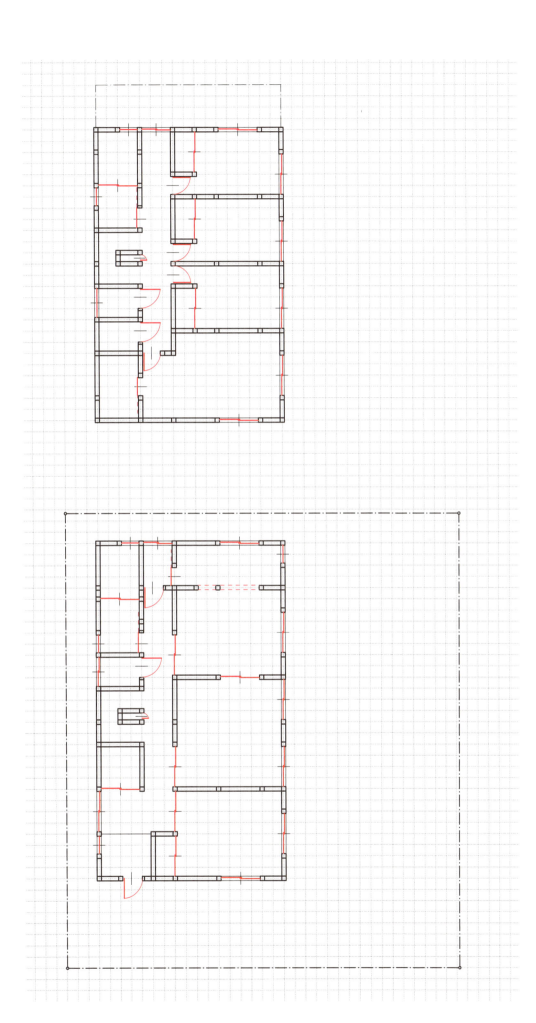

ステップ6

1. 建具を太い実線で記入
開き戸の扉の軌道は細い実線で記入

ポイント！
開き扉の軌道は、テンプレートを使用して描くのが原則

第2章　木造住宅

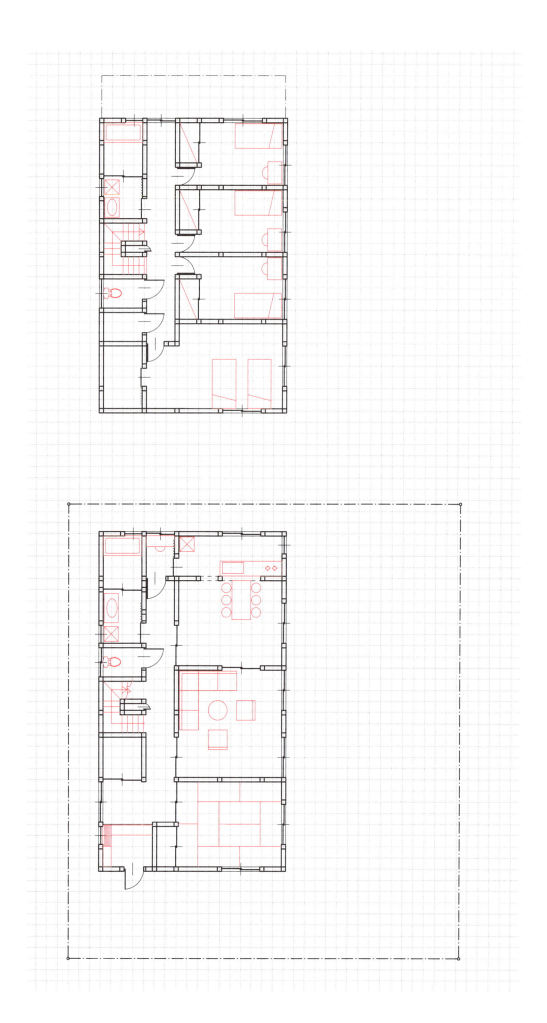

ステップ7

1. 階段の踏面、玄関の式台、和室の畳割、家具など、内部を細い実線で記入

ポイント！

- ベッド（1,000×2,000）やソファー（800×800/1人用）などの家具スケールに注意
- 便器の位置は、壁から離れすぎないようになるべく壁面に近づける

ステップ 8

1. 外構のポーチ、スロープ（勾配1/12）、テラス、駐車スペース（1台分）、駐輪スペース（5台分）、コンクリートブロック塀、門、カーゲートを細い実線で記入
2. 2階平面図に1階の屋根伏せやひさしを記入

ポイント！

2階平面図に記入する1階の屋根伏せに、水勾配の→印を忘れずに記入する

第2章 木造住宅 **59**

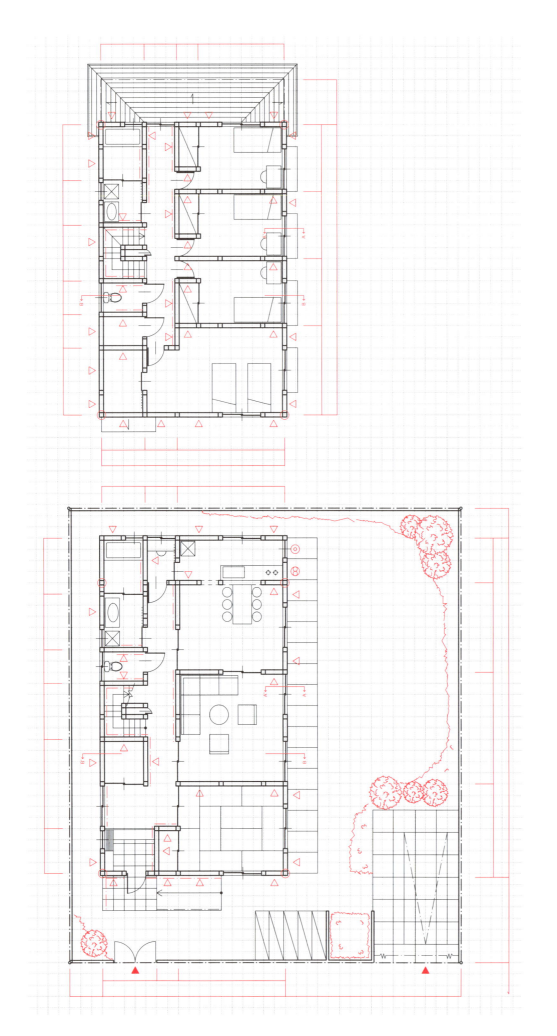

ステップ 9

1. 寸法線を細い実線で記入
2. 矩計（断面）切断位置を記入
3. 植栽を記入
4. 換気扇、給気口を記入
5. 筋かいを△印で記入
6. 出入口の▲▲印を記入

ポイント！

矩計（断面）切断位置は、1階と2階で
ズレないように注意

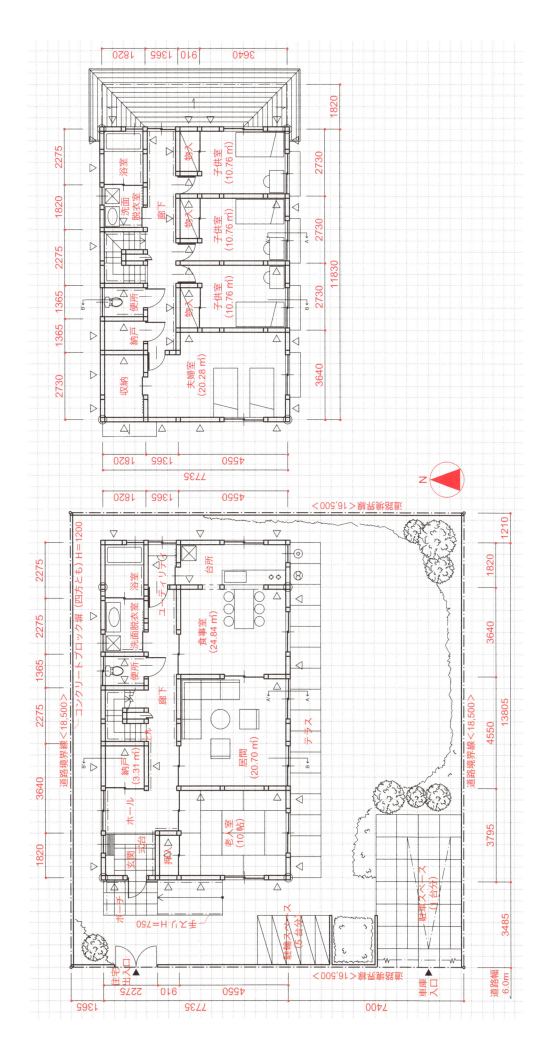

ステップ 10
1. 寸法、室名、出入口などの文字を記入

ポイント！
文字は適度な大きさ（1マスに1文字程度）で、バランスよく記入する

文字を適度な大きさ（1マスに1文字程度）で、バランスよく記入すると図面がしまって見える

第 2 章 木造住宅

矩計図

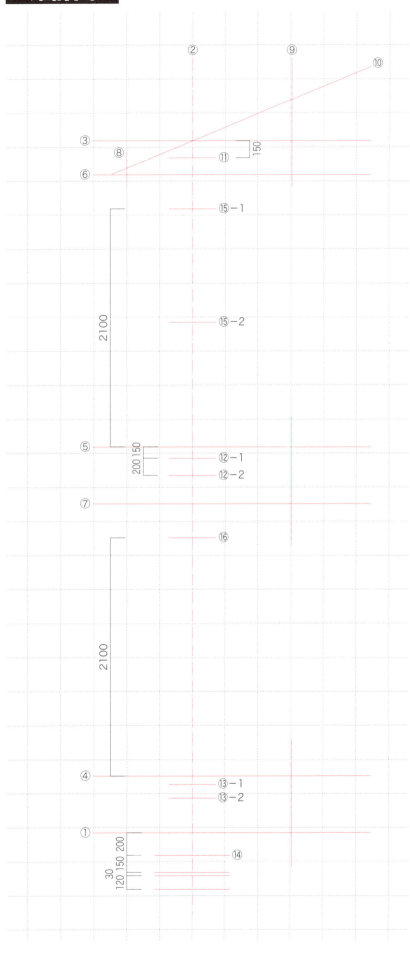

ステップ1

下記の①〜⑯を仮線で記入

1. GLライン①を記入
2. 柱の中心線②を記入
3. 高さのラインを記入
   - ③軒高（6,100）
   - ④1階床高（500）
   - ⑤2階床高（階高2,900，GLからは3,400）
   - ⑥2階天井高（CH＝2,400）
   - ⑦1階天井高（CH＝2,400）
   - ⑧軒の出（600）
   - ⑨母屋，束等（柱の中心より910）
   - ⑩垂木の下端（屋根勾配4/10）
4. 部材位置を記入
   - ⑪軒桁の下端（梁せい150）
   - ⑫−1〜⑫−2　胴差（梁せい150）
     ※2階床から100下がった位置
   - ⑬−1〜⑬−2　土台（梁せい120）
     ※1階床から75下がった位置
   - ⑭−1〜⑭−4　基礎部分
5. 開口部の高さを記入
   - ⑮−1〜⑮−2　2階開口部（1,100）
     ※2階床から開口部上端まで2,100
   - ⑯1階開口部（2,100）

ポイント！

矩計図は，その建物の基準の高さや部材の大きさ，材料や仕上方法などについて表示する図なので，「高さ」や部材寸法，材料など暗記すること

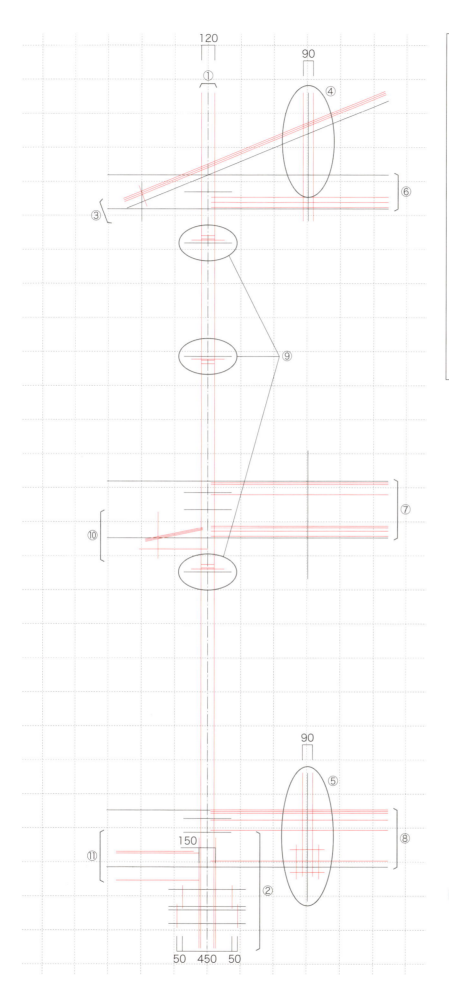

ステップ2

下記①〜⑪を仮線で記入

1. 各部材の厚さ、高さを記入
   - ①土台、軒桁、胴差、通し柱／管柱（120）
   - ②基礎部分
   - ③屋根
   - ④母屋（90）
   - ⑤床束（90）、束石（200□）
   - ⑥2階小屋組
   - ⑦2階床組
   - ⑧1階床組
   - ⑨建具枠まわり
   - ⑩ひさし（勾配2/10）
   - ⑪基礎立ち上がり

ポイント！

各部の幅は、最初すべて三角スケールで寸法をプロットしておくと、作図がスピーディにできる

第2章 木造住宅

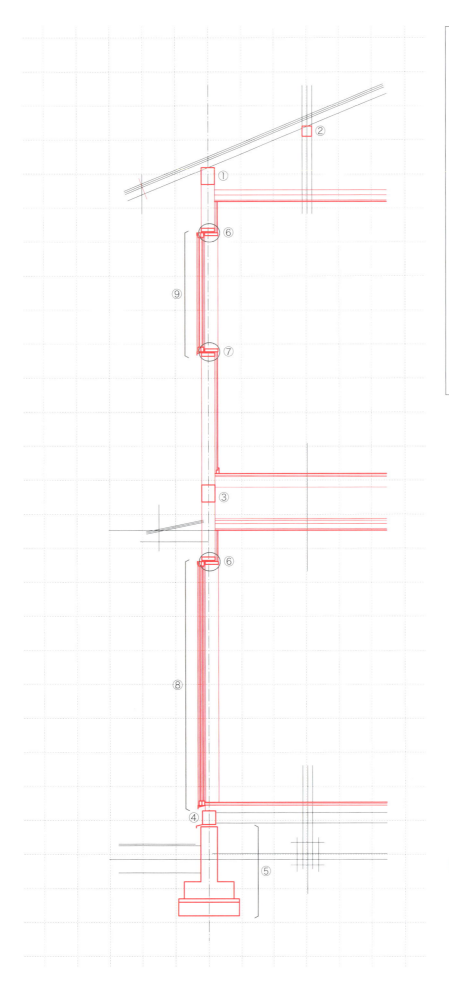

ステップ3

1. 主要部材を太い実線で記入
    - ①軒桁
    - ②母屋
    - ③胴差
    - ④土台
    - ⑤基礎
2. 建具廻りを，部材断面は太い実線，その他は細い実線で記入
    - ⑥窓まぐさ，額縁
    - ⑦窓台，額縁
3. 外部開口部（引違いアルミサッシ）を記入（半外付タイプ）
    - ⑧1階引違いアルミサッシ
    - ⑨2階引違いアルミサッシ
4. 内壁を太い実線で記入

ポイント！

仕上げ，主要部材や部材断面などの太い実線で表示するものと，そうでないものの線のメリハリを大切にする

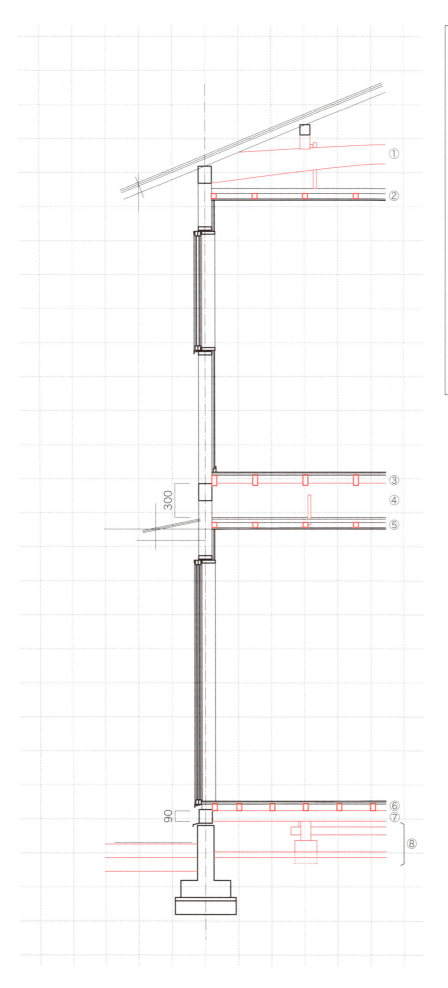

ステップ 4

下記を太い実線で記入

1. 2 階小屋組部分を記入
    ①小屋梁（松丸太末口 φ150）
    ②野縁（45 × 45 @ 455）
    ※野縁受，吊木も記入
2. 2 階床組部分を記入
    ③根太（45 × 90 @ 303）
    ④野縁（45 × 45 @ 455）
    ※野縁受，吊木も記入
    ⑤2 階梁（120 × 300）
3. 1 階床組部分を記入
    ⑥根太（45 × 60 @ 303）
    ⑦大引（90 × 90）
    ⑧束，根がらみ，束石

ポイント！

柱のきわにある根太や野縁からピッチを取るのではなく，柱の中心線から，それぞれのピッチを取る

第 2 章　木造住宅

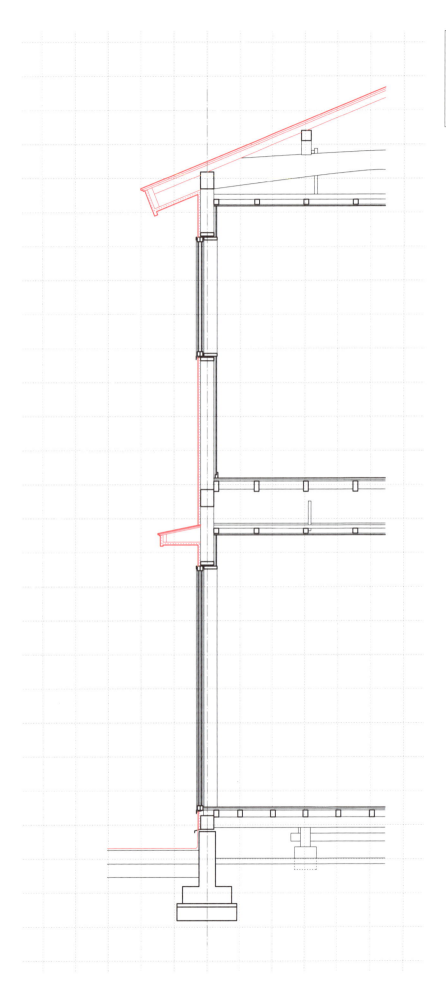

ステップ5
1. 屋根, ひさし, 外壁仕上げを太い実線, 外壁下地を細線で記入

ポイント！
1階の開口部のひさしは, 平面図, 立面図とが不整合にならないように注意する

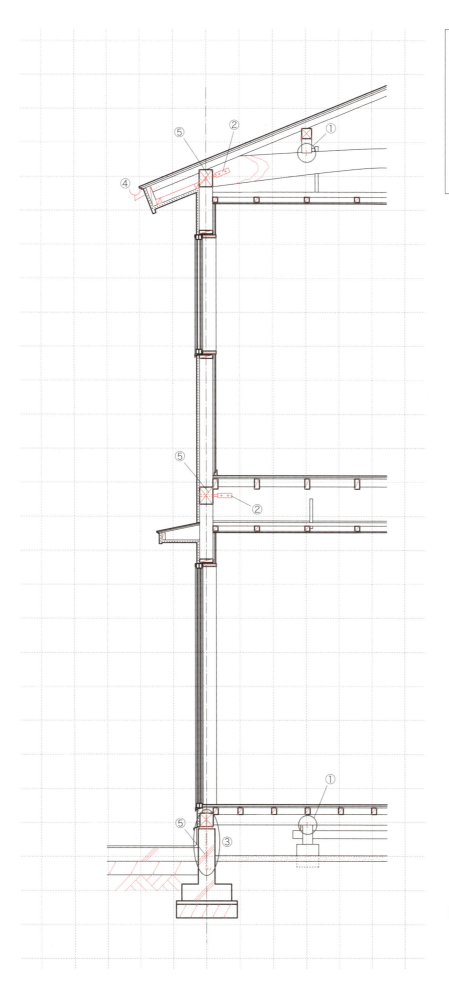

ステップ6

1. 緊結金物を細い実線で記入
   ① カスガイ
   ② 羽子板ボルト
   ③ アンカーボルト
   ④ 雨樋
   ⑤ ハッチング

ポイント！

緊結金物は記入もれやすいので、忘れずに

第2章 木造住宅

ステップ 7

1. 断熱材を細い実線で記入
2. 寸法線，引き出し線，屋根勾配を表示
3. 寸法，文字，各部の仕上げを記入
4. 室名・主要レベルを記入

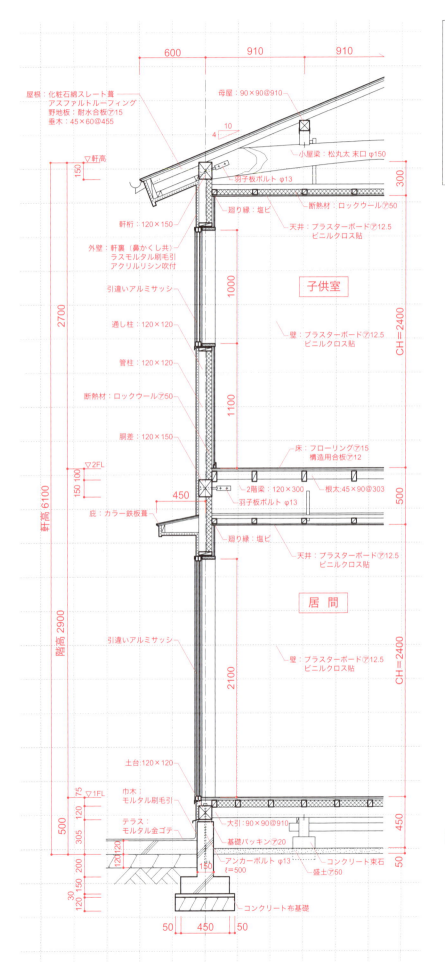

ポイント！

- 寸法，文字などはそろえて記入するが，あまり大きくならないように注意する
- 要求図面の特記事項は，もれなく記入すること

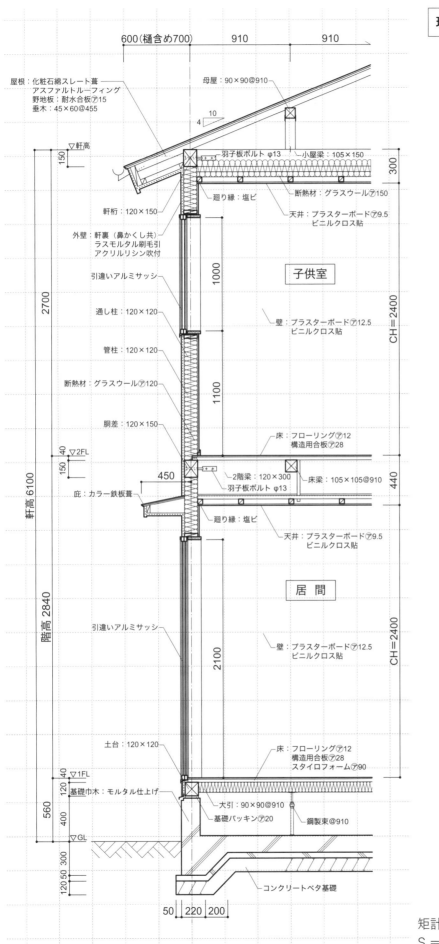

矩計図（ベタ基礎）
S = 1/30

第 2 章　木造住宅　**69**

断面図

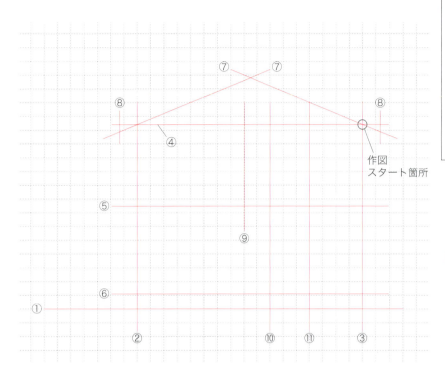

ステップ1
下記を仮線で記入する
1. GLライン①
2. 外壁の中心線②，③
3. 軒高④
4. 2階床高⑤，1階床高⑥
5. 屋根勾配⑦
6. 軒の出⑧
7. 内壁仕切壁の中心線⑨〜⑪

ポイント！
断面図は，建物の基準の高さや地盤との関係などを表す図なので，矩計図から高さをひろうことができる

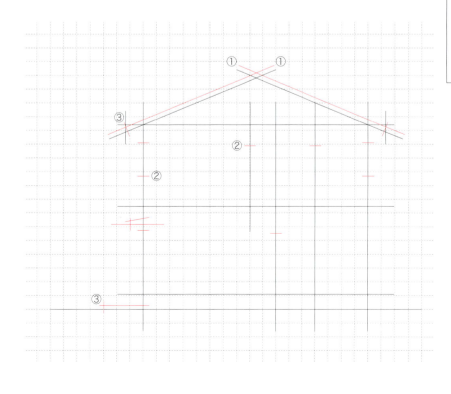

ステップ2
下記を仮線で記入する
1. 屋根の仕上げ線①
2. 内外部の開口部の高さ
3. ひさし，テラスなど

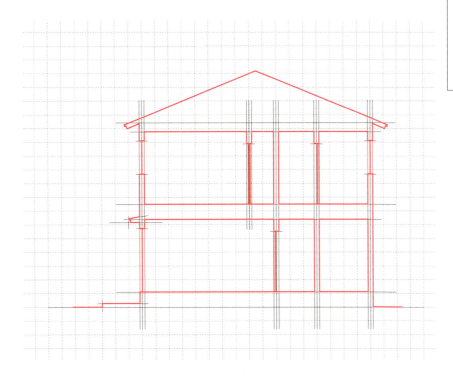

ステップ3

下記を太い実線で記入する
1. 内外部の仕上げ線
2. アルミサッシのガラスを壁の中心に記入する
3. 内部開口部の扉

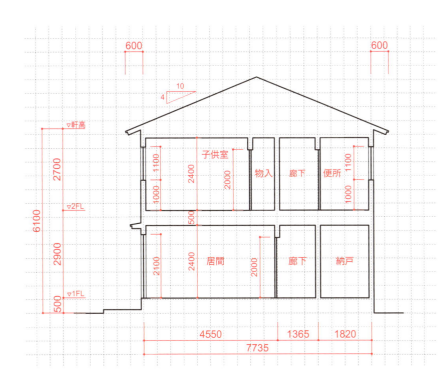

ステップ4
1. 寸法線，屋根勾配表示を記入
2. 寸法，文字を記入
3. 室名，主要レベルを記入

ポイント！

断面線と姿線の区別はハッキリつける

注 最高高さの求め方

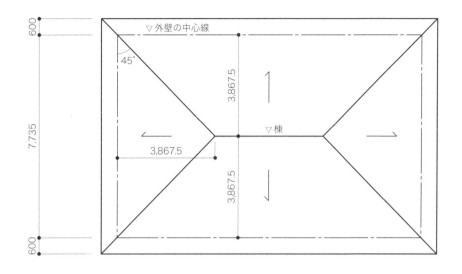

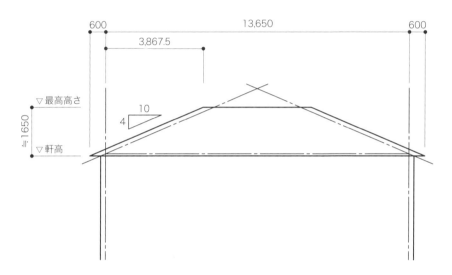

　最高高さは，屋根伏図において外壁の中心線から棟（最高高さ）までの距離に屋根勾配を掛けてから，垂木，野地板，屋根仕上材のそれぞれの合計の厚さをプラスし，上記で求めた数値に軒高を加算すればよい．参考図をもとに計算すると，外壁の中心線から棟まで7,735の1/2の3,867.5に屋根勾配を掛けると
　　7,735 ÷ 2 × 4/10 = 1,547
垂木，野地板，屋根仕上材の厚さの合計を約100mmとして，1,547 + 100 ≒ 1,650　となり，軒高を足して
　　6,100（軒高）＋ 1,650 = 7,750
よって，最高高さは 7,750 となる．

立面図

ステップ1
1. GLライン①は，太線で実線記入
2. 隣地境界線②，③を仮線で記入
3. 外壁の中心線④〜⑥を仮線で記入
4. 軒高⑦，1階床高⑧，2階床高⑨，胴差上端⑩を仮線で記入
5. 屋根勾配⑪，軒の出⑫を仮線で記入
6. 基礎上端⑬を仮線で記入

ポイント！
立面図は建物の外観を表す図で，課題ではどの面を描くか指示されるので，しっかり確認すること（ここでは，南立面図とした）

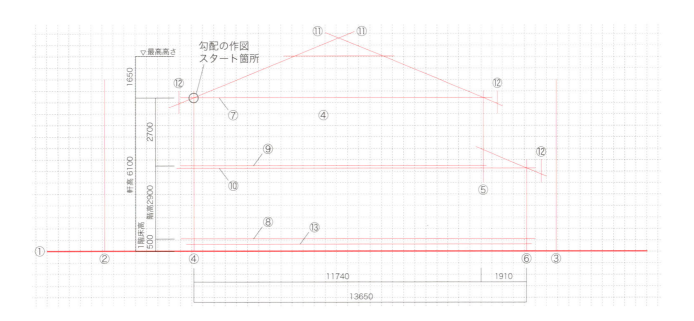

ステップ2
1. 開口部を仮線で記入
2. ひさし，テラスを仮線で記入

ポイント！
1階開口部のひさしは，他の平面，矩計図と不整合にならないように注意する

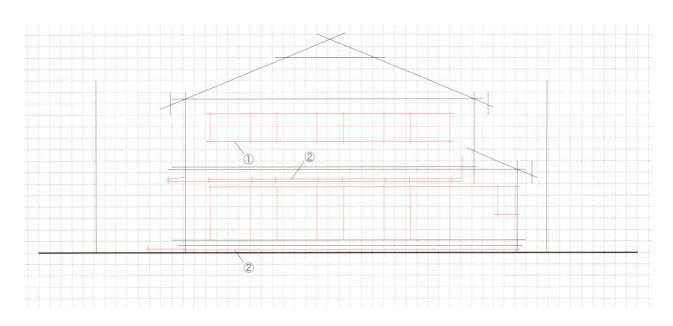

第2章　木造住宅

ステップ 3

1. 外壁の仕上げ線を太い実線で記入
2. 屋根の仕上げ線を太い実線で記入
3. 基礎を太線で記入

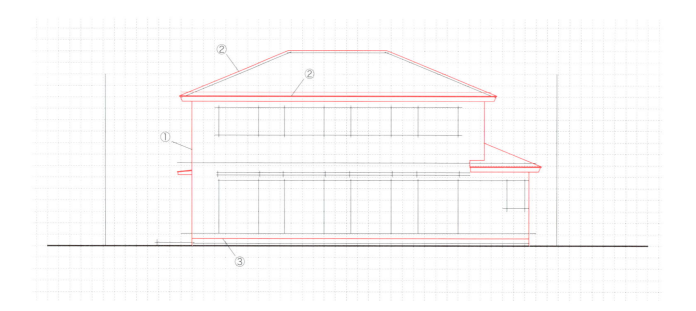

ステップ 4

1. 建具枠を太い実線で記入
2. ひさしを太い実線で記入

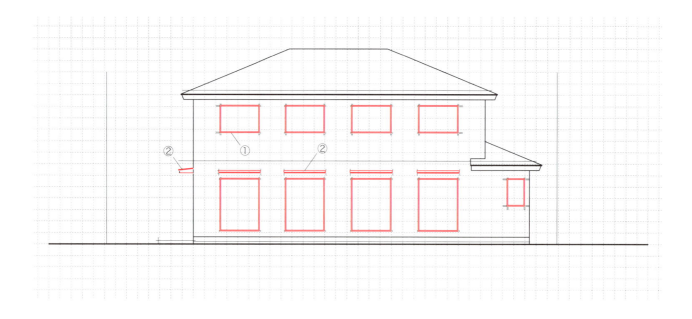

ステップ5

1. サッシを仮線で記入

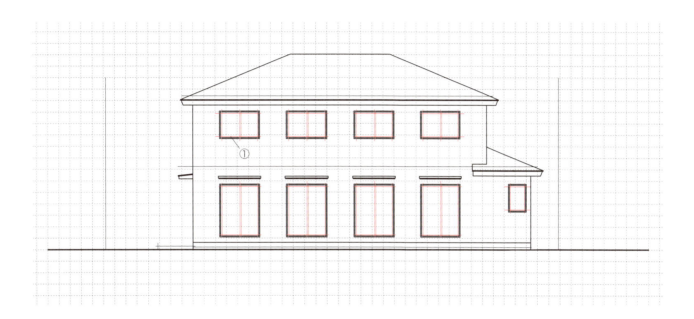

ステップ6

1. サッシを細い実線で記入
2. テラス，ポーチ，床下換気口（またはパッキン）を細い実線で記入

第2章　木造住宅

ステップ 7

1. 隣地境界線を一点鎖線で記入
2. 筋かいを入れるために，横架材の高さに仮線を記入
   ①土台上端，②胴差し下端
   ③胴差し上端，④軒桁下端

ステップ 8

1. 筋かいを一点鎖線で記入（横架材間に入れる）
2. 屋根仕上げ線を細い実線で記入，勾配を記入
3. 文字，GL レベルを記入

ポイント！

筋かいの記入位置は，左右方向では柱の内々，上下方向では横架材間となるので注意

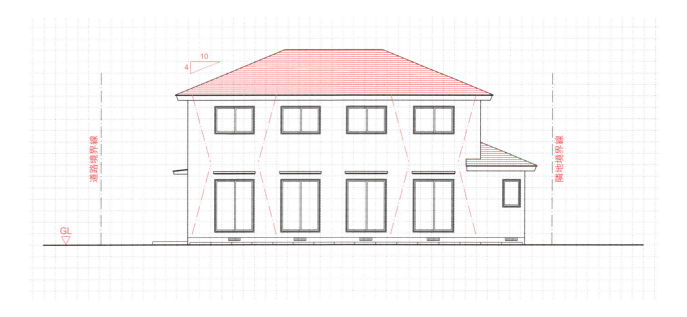

第3章　鉄筋コンクリート造

1 鉄筋コンクリート造の概要

　鉄筋コンクリート構造は，鉄筋を配置した型枠の中にコンクリートを流し固めたものを構造体とし，柱・梁・床など一体的に継目なくつくられることから，一体式構造という．

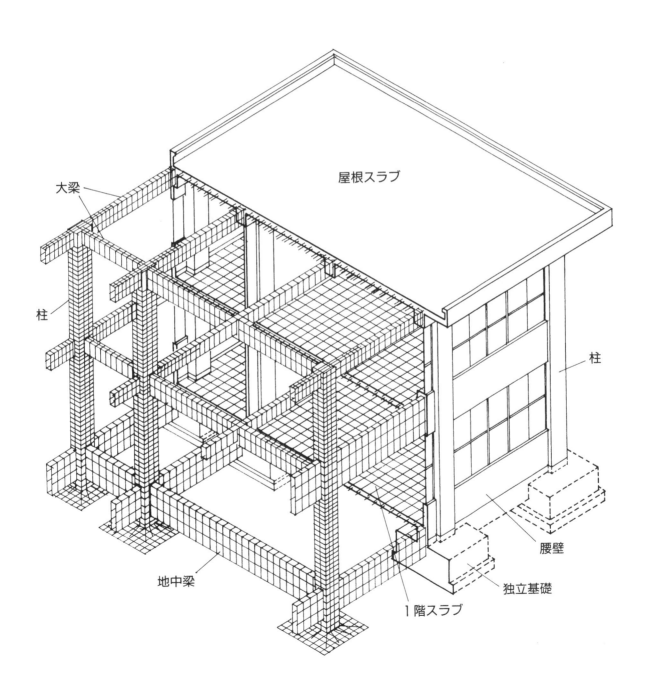

例　題

「景勝地に建つ観光センター」（鉄筋コンクリート造 2 階建）

1．設計条件

景勝地に建つ観光センターを計画する．

計画に当たっては，次の①～③に留意すること．

①北側の景勝地への眺望に留意する．

②高齢者・身体障害者等の利用に配慮する．

③屋外展望スペースを設け，その動線は建築物内外の両方からとする．

(1) 敷地及び周辺状況

ア．小高い丘にあり，北側に景勝地が望める．形状，道路との関係，方位等は，図－1（略）のとおりである．

イ．途地域その他の指定はない．

ウ．敷地は平たんで，歩道及び西側公営駐車場，東側隣地との高低差はないが，敷地の北側の緑地については，穏やかに傾斜している．また，地盤は良好であり，杭打ちの必要はない．

エ．電気，都市ガス，上水道及び公共下水道は完備している．

(2) 構造及び階段

鉄筋コンクリート造（ラーメン構造），2 階建とする．

(3) 延べ面積

240㎡ 以上，280㎡ 以下とする（ピロティ，玄関ポーチ等は，床面積に算入しない）．

(4) 人員構成

事務担当（特産品売場店員を兼ねる．）3 人，食堂担当 3 人

(5) 所要室

所要室	設置階	特記事項
玄関ホール	1 階	ア．玄関ホールへのアプローチは，南側の歩道からとする イ．10㎡ 以上とする ウ．出入口の幅の内法は 1,200mm 以上とする
特産品売場	〃	ア．40㎡ 以上とする イ．観光案内コーナーを設ける
客用便所	〃	ア．男女別に設ける イ．車いす使用者用便所を 1 室設ける ・広さは芯々 2,000mm × 2,000mm 以上とする ・出入口の幅の内法は 800mm 以上とする ウ．計 30㎡ 以上とする
倉庫	〃	・5㎡ 以上とする
食堂	2 階	ア．厨房を設ける イ．厨房を含み，50㎡ 以上とする
更衣室兼休憩室	〃	ア．従業員用として使用する イ．10㎡ 以上とする
事務室	〃	・20㎡ 以上とする
便所	〃	・従業員用として使用する
その他必要と思われるもの		

(6) 建築物の最高の高さ等

建築物の最高の高さは，10 m 以下（煙突，避雷針はこれに含めない），かつ，軒の高さは 9m 以下とする．

(7) 駐車スペース

敷地内に，小型乗用車（5 人乗り，サービス用）1 台分の屋外駐車スペースを設ける．また，客用駐車スペースは，敷地の西側隣地に公営駐車場があるので計画しなくてよい．

(8) その他

ア．建築物内に，油圧式エレベーター 1 台を設ける（図－2 参照（略））．

イ．敷地内に，30㎡ 以上の屋外展望スペースを設ける．

ウ．敷地内の通路で不特定かつ多数の者が利用するものの幅員は，1,800mm 以上とする．高低差がある場合においては，スロープ（勾配 1/15 以下）とする．

2．要求図面等

a．下表により，答案用紙の定められた枠内に記入する．ただし，寸法線は，枠外にはみだして記入してもよい．

b．図面は黒鉛筆仕上げとする（定規を用いなくてもよい）．

c．記入寸法の単位は，mm とする．なお，答案用紙の 1 目盛は，5mm である．

要求図面等 （　）内は縮尺	特記事項
(1) 1 階平面図兼配置図 (1/100) (2) 2 階平面図 (1/100)	ア．敷地境界線と建物との距離，建物の主要な寸法を記入する イ．配置図に，塀，植栽，駐車スペース，展望スペース，スロープ等を記入する ウ．室名を記入する エ．所要室には， ・客用便所及び 2 階便所に便器，洗面器 ・特産品売場にレジカウンター，観光案内コーナー ・事務室に机，椅子 ・食堂に厨房 その他必要と思われるものを記入する オ．2 階平面図に，1 階の屋根伏図（平家部分がある場合のみ）も記入する カ．断面図の切断位置を記入する
(3) 立面図 (1/100)	北側立面図とする
(4) 断面図 (1/100)	ア．切断位置は，食堂を含み 1 階・2 階それぞれの開口部を含む部分とする イ．建築物の外形及び床面，天井面の形状がわかる程度のものとし，構造部材（梁，スラブ，地中梁，基礎等）を記入する ウ．建築物の最高の高さ，軒高，階高，天井高，1 階床高，開口部の内法寸法及び主要な室名を記入する
(5) 面積表	ア．面積を，答案用紙の面積表に記入する イ．建築面積及び床面積の計算式を記入する ウ．数値は，小数点以下第 2 位までとし，第 3 位以下は切り捨てる
(6) 仕上表	ア．外部の主要な部位（屋根，外観）の仕上材料名及び下地材料名を記入する イ．内部（食堂）の主要な部位（床，内壁，天井）の仕上材料名及び下地材料名を記入する

（敷地図及びエレベータ図は省略しました）

◎鉄筋とコンクリートの長所・短所

　上記のように，互いの長所・短所をかばい合い，また，温度変化による膨張・収縮は，それぞれほぼ同じ程度であり，強度・耐久性の点で，すぐれた点が重なり合う構造である．

◎鉄筋コンクリート構造の長所・短所

鉄　筋	コンクリート
・引張力に対して非常に強い	・引張力に対しては弱くもろい
・圧縮力に対しては屈折しやすい	・圧縮力に対しては強い
・さびやすい	・アルカリ性のため，酸化を防ぐ
・火災に弱い	・火災に強い

　長所

　　・一体式構造であるため堅固

　　・耐久性・耐火性に富む

　　・意匠的に自由な設計がしやすい

　短所

　　・コンクリートの重量が大きく，高層の場合は，鉄骨鉄筋コンクリート造もしくは鉄骨耐火被覆構造とすることが多い．

　　・コンクリートの硬化日数がかかり，そのため工期が長くなる．

　　・建築物の移転・解体が難しい．

　　・吸湿性が高く，また熱容量も大きいため，居住性をよくする措置が必要である（換気が不十分だと結露しやすいなどの問題がある）．

2　鉄筋コンクリート造の構造形式

(1) ラーメン構造
  a. 基本的には，柱と梁で建物の躯体を構成し，建物に加わる外力に対して抵抗する構造形式である．
  b. 木造（在来）より柱スパンを飛ばせるため、空間構成に自由度がある．
  c. 大スパン，大空間，大階高を計画することは，十分な検討を要する．

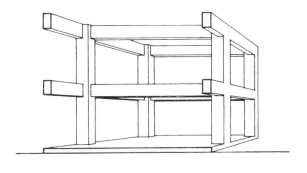

(2) 壁式構造
  a. 壁と床版で躯体を構成し，建物に加わる外力に対して抵抗する構造形式である．
  b. 柱型，梁型がなく，室内空間が矩形としての立体空間が利用できる．
  c. 構造的には，耐力壁で荷重を支持するため，壁の位置，壁量，開口部の大きさを考慮する．
  d. 各部位の寸法，材寸については設計条件により確認する必要がある．基礎，壁厚，スラブ厚，開口寸法，等々．
  e. 内部間仕切壁，階段などには十分配慮することが重要．

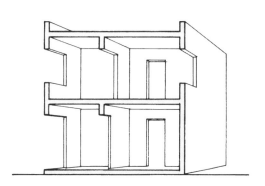

(3) フラットスラブ構造
  a. 柱と床版で躯体を構成し，建物に入る外力に対して抵抗する構造形式である．
  b. 梁型がないことにより，階高を合理化できる．
  c. 剛性が低く，地震によって水平力を受けたときに，柱をおさえきれない心配が生じる．
  d. 各部位の寸法，材寸については設計条件により確認チェックをする必要がある．基礎，壁厚，スラブ厚，開口寸法，等々．

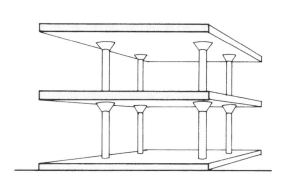

(4) シェル構造
  a. 薄い曲面状の屋根スラブと，柱又は壁で躯体を構成し，建物に入る外力に対して抵抗する構造形式である．
  b. 力学的特質をいかし，大スパンの屋根などを軽くすることで，イベントホール，倉庫，工場など大空間をつくることができる．

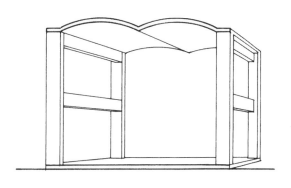

3　ラーメン構造について

　以下の項目，内容についてはラーメン構造について記述し，説明をする．

　＊小規模の木造建築とは異なり，それぞれの案件で構造計算が必要．あくまでも参考として，例題に合わせて説明する．

（1）柱のスパン割付

a.　スパンのマトリックス

　　１つのグリッドを構成するため，柱と柱で囲まれた空間，区画の連続または接続．

	5	6	7	8
5	5 × 5 25㎡	5 × 6 30㎡	5 × 7 35㎡	5 × 8 40㎡
6		6 × 6 36㎡	6 × 7 42㎡	6 × 8 48㎡
7			7 × 7 49㎡	7 × 8 56㎡
8				8 × 8 64㎡
9				

b.　スパンの検討

　　◎設計条件による，所要室スペースに対する面積規定．

　　◎割込面積に応じたスペースの規制．

　　◎構造規準によるスパンの規制．

c.　標準的なスパン計画

　　◎支持面積によるスパンの割付．

　　◎断面寸法によるスパンの想定．

　　◎構造計画によるスパンの割付．

　　◎所要面積によるスパンの想定．

d.　構造設計に準拠するスパン

　　◎支持面積を 30 〜 50㎡ 程度とする．

　　◎スパンマトリックスより，適切なスパンを採用する．

　　◎柱サイズ，梁サイズ，床スラブ厚などを想定する．

　　　　　⇓

e.　スパンの決定

第 3 章　鉄筋コンクリート造　**81**

例-1

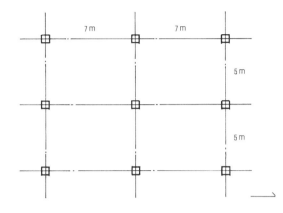

X方向, Y方向が等スパンの割付
※両方向とも, 5mのスパン

例-2

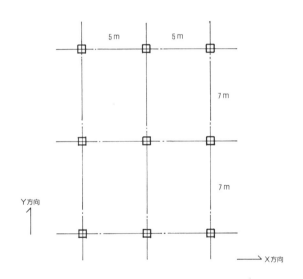

X方向が等スパンの割付（5m）
Y方向が等スパンの割付（7m）
※方向によりスパン寸法を変える.

例-3

X方向が等スパンの割付（7m）
Y方向が等スパンの割付（5m）
※方向によりスパン寸法を入れかえる.

(2) 各部位の寸法およびディテール寸法

  a. 柱間隔 X方向 5.0m～8.0m
        Y方向 5.0m～8.0m

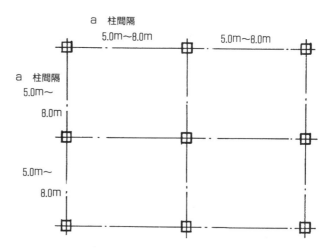

  b. 階高 1階 3.5m～4.5m
       2階 3.0m～4.0m

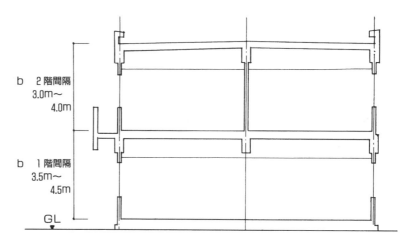

  c. 柱サイズ 2階建 600mm×600mm（1, 2階とも）
        1階建 500mm×500mm
  d. 大梁サイズ 梁せい 300mm～400mm
          （せいの1/2程度）
       梁幅 600mm～700mm
          （柱スパンの1/10程度）
  e. 小梁サイズ 梁幅 300mm～350mm
       梁せい 400mm～500mm
  f. 壁厚 耐力壁 150mm～210mm
       間仕切壁 120mm～150mm
  g. 床スラブ厚 基準階床 150mm～200mm

※上記の断面仮定寸法は，低層建築物を設定する．
※試験としての解答用算定寸法とする．

第3章　鉄筋コンクリート造

(3) 階高・断面の検討

　階高は一般に，1階 3.5m～4.5m，2階を 3.0m～4.0m 程度が多く，設計条件によっては，天井高が指定されて，高い天井を要求される場合もある．吹抜は，床面積の調整のほかに，上記のように高い天井を要求される場合にも計画することがある．

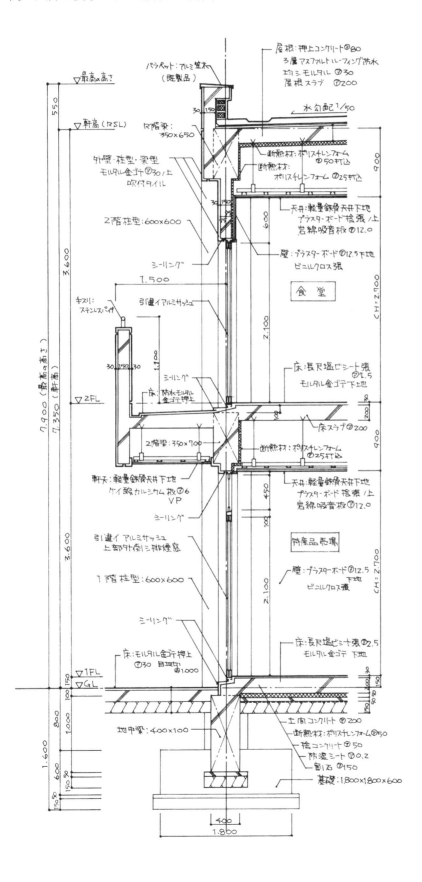

(4) 外壁中心線（壁芯）と柱の中心線（柱芯）の関係

a. 基本的な作図方法として，柱，壁，梁のそれぞれの中心線を合わせることが原則である．

ただし，設計によっては，それぞれの中心線が一致しないこともある．

b. 柱，壁，梁の芯が通っている方が，面積計算や寸法線の確認が容易である．

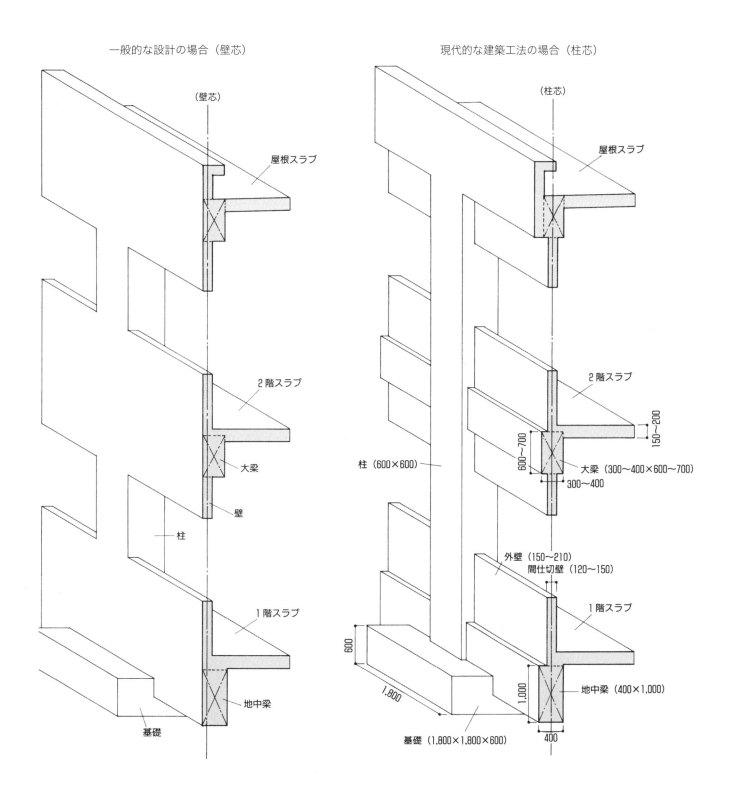

第3章 鉄筋コンクリート造

(5) スパン計画

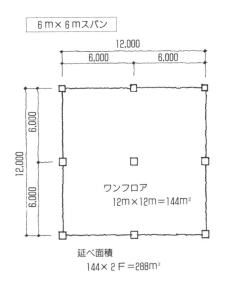
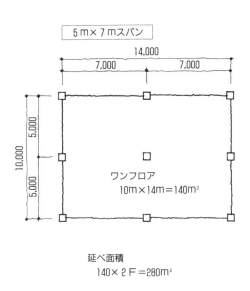

上記のスパン割が標準的である．

所要室の大きさ，および敷地条件（駐車スペース，駐輪スペース，その他の条件）から，スパン割を検討する．

●例題は総2階のため，1階床面積と2階床面積が大きく異なる場合
　　　　→吹抜などで処理する．

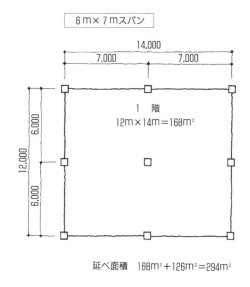
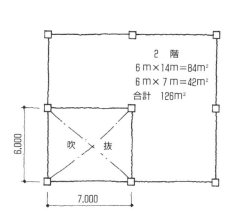

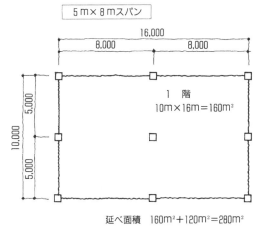
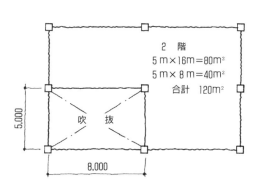

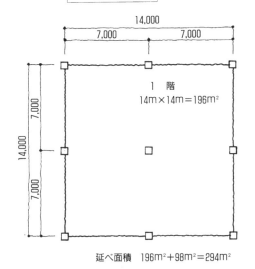
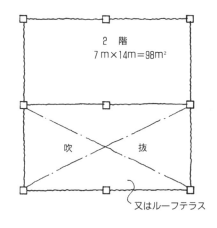

●吹抜のあるケース

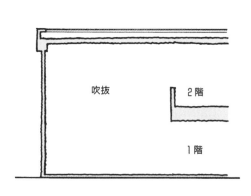
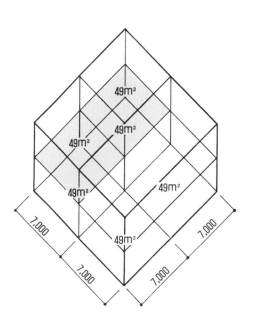

●2階部分にルーフのある計画

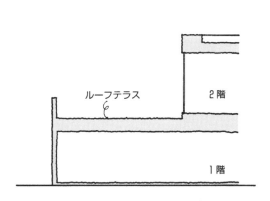
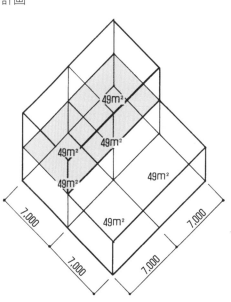

第3章 鉄筋コンクリート造　**87**

(6) 敷地の道路位置による動線の考え方

a. 一方向道路

すべての動線が一方向より導入されるため，異種動線が交差しない計画とすること．はっきりと動線を分離すること．

また，道路と建物の離隔距離は，設計課題にそって必要十分に確保し，敷地内に建物配置がバランスよく配置されていることが重要である．特に住宅系課題の時は，南側のアキは4m以上は確保したい．

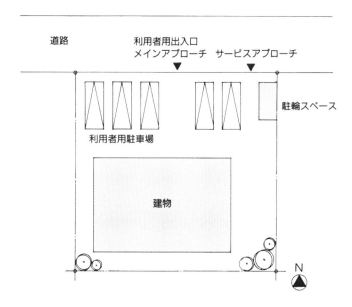

b. 二方向道路

メイン道路とサブ道路を明確にし，各動線が適切に導入され，動線の分離がはっきりなされていること．特に併用住宅や公的建物の利用者と管理者の動線分離は重要である．隅切り角から5m以内には駐車スペースをつくらないこと．

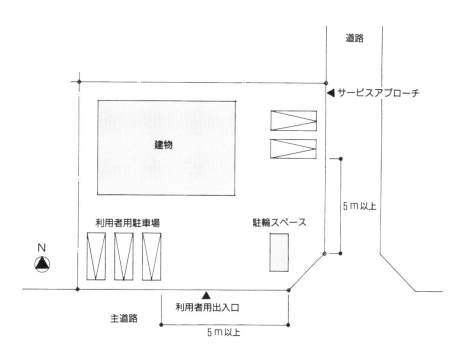

c. 対面二方向道路

異種動線の分離を明確にするとともに、避難計画上、二方向避難が完全に行える計画でなければならない。

また、建物の顔となるべき正面側が、メイン道路に向いていることも重要である。

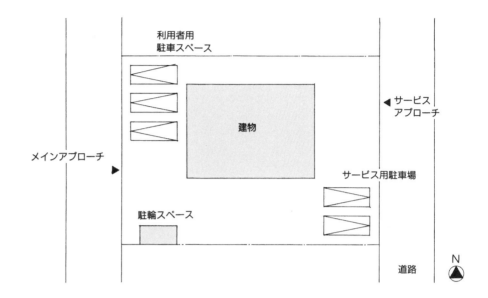

(7) ゾーニング計画

a. 外部ゾーニング

◎外部アクセス…メイン道路とサブ道路の位置決定。
　　　　　　　　敷地条件に対するメインアプローチ、サブアプローチの取り決め。
◎動　線　分　離…主動線として利用するアクセス。
　　　　　　　　副動線（サブ）として利用するアクセス。
　　　　　　　　敷地内移動に利用するアクセス（敷地内通路など）。
※敷地における既存条件設定によるアクセスの制約・規制をチェックする。

建物のプロポーション（スタイル）を概略的に想定し、外部アクセスとの関連性を十分に考えた動線計画をする。

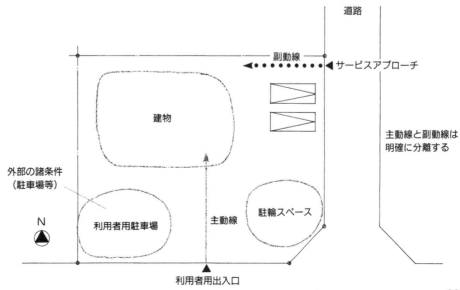

b. 内部ゾーニング

◎エントランスアクセス…玄関の位置を決める.
　　　　　　　　　　　ホール，廊下へのアクセスを考える.
　　　　　　　　　　　1階と2階への動線を単純明確にする.
◎所要室へのアクセス…設計要件によるスペースの確保とつながり.
　　　　　　　　　　　概略的なスペースの区画分けを行う.

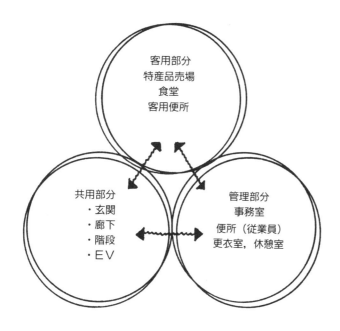

　動線が交差しないようにゾーニングを行う.
　動線計画のポイントは，共用部分の使い方にある. 玄関ホール，階段，廊下，エレベータなどの通路となる，共用空間によって，管理部分と客用部分をつなぐことにより，明確なゾーニングと動線計画となる.

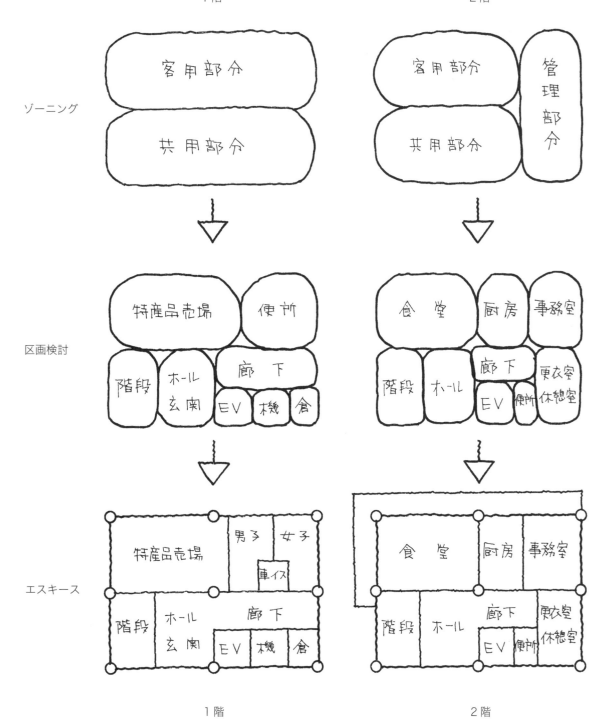

第3章 鉄筋コンクリート造

(8) 配置計画

a. アプローチ

◎ゾーニングにおけるアクセス方向の確認．

◎メインアプローチ，サービスアプローチの確認．

b. 建物との敷地境界の離隔距離の目安

◎隣地サイドは，最低 2,000mm 以上あける．

◎道路サイドは，最低 3,000mm 以上あける．

◎南側サイドは，最低 4,000mm 以上あける（住宅系の場合）．ただし，建築用途によっては不必要になる．

◎南北のアキは全体のバランスによる．

◎駐車スペースは道路より直角駐車とする．

　道路よりの奥行きは，6,000mm 以上とする．

　最低でも 5,500mm 以上は絶対確保すること．

c. 既存条件，施設条件（保存樹木や建築不可ゾーンなど）がある場合

◎建物の配置計画に注意する（建築不可ゾーンにバルコニーがはみ出しているなど）．

◎利用形態に注意する（保存樹木のある場合などは，計画に取り込んで利用する）．

配置計画

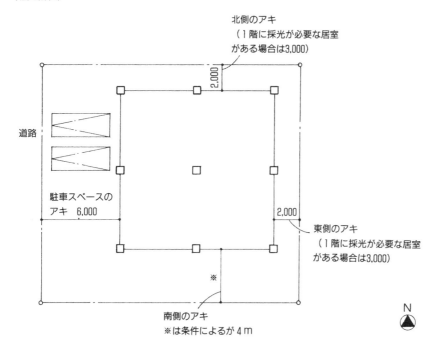

(9) 平面プラン計画

鉄筋コンクリート造の計画においては，住宅用途から店舗等の複合用途まで，あらゆる建物が想定される．

a. 社会的弱者への配慮

◎高齢者に配慮

◎身障者に配慮

◎老人・小児を含む弱者配慮

↑↓

■バリアフリー法に準ずる

■将来を想定した間取り，配置計画

↑

■計画性，安全性，機能性を追求した建物

b. 柱スパンの計画

c. 鉄筋コンクリート造については，最初に柱割を行って平面形を限定し，既定した平面計画の中に所要スペースを落し込んだ方が容易にプランが決定できる．

d. 各階の床面積と所要室の割込み面積，ゾーニングでのバランス，動線処理を考えながら柱割を決定する．

e. 参考として，基本ブロック割寸法としては，5m × 7m，5m × 8m，6m × 6m，6m × 7m，6m × 8m，7m × 7mとする．

（10）所要室レイアウト

a. ゾーニング計画に基づいて，外部空間と内部空間との関連性を想定しながらすすめる．

b. 各室への動線計画と各室相互の関連性を十分に考える．

c. 主要室の指定を想定して，レイアウトを優先する．

d. 所要室のプロットは，主たる目的の室よりレイアウトすることが原則．

e. 上下階の動線としての階段の設置位置が，プランの大きな制約となる．

f. 鉄筋コンクリート造のプランは，玄関エントランスと，階段によってプランが大きく左右されることが多いために，的確な位置設定が重要である．

（11）所要室のセッティングポイント

鉄筋コンクリート造においても，住宅を想定すると，各室のセッティングには以下のような配置をすることが重要となる．

a. 南向きを優先

老人室，子供室，居間，寝室．

b. 向きに関係しない（北以外）

食事室，台所，応接間，客間，書斎，予備室など．

c. 北向きでも可能

納戸，便所，浴室・洗面所，クローゼット，玄関，階段，書斎など．

◎事務所，店舗などの関連所要室は，あまりレイアウト上で方向性は考えなくてもよい．

第3章 鉄筋コンクリート造 **93**

■便所廻りのレイアウトの参考例

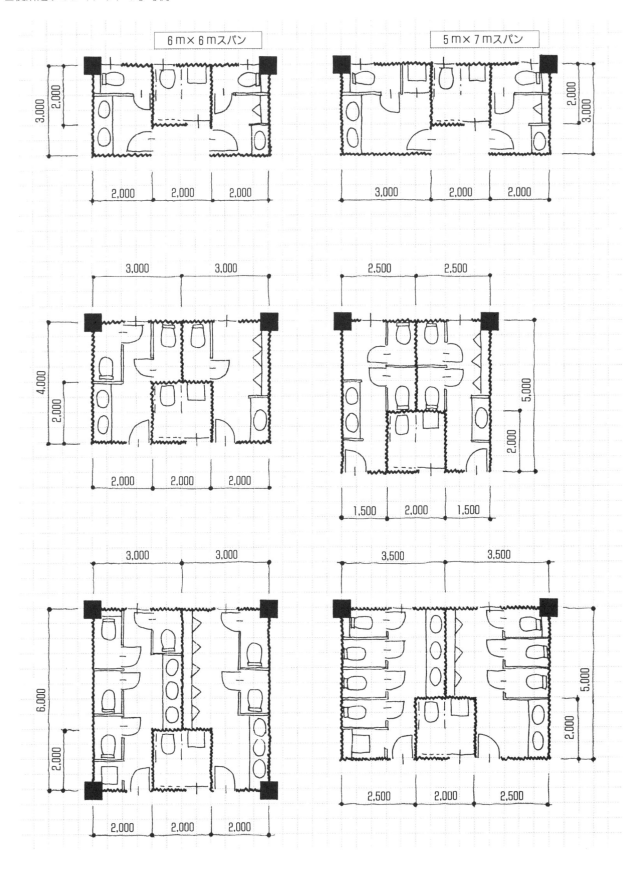

■所要室のレイアウトの参考例

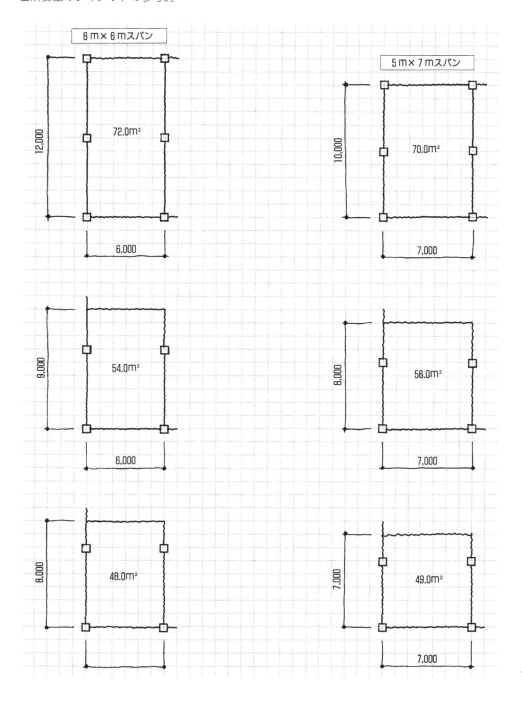

第3章 鉄筋コンクリート造

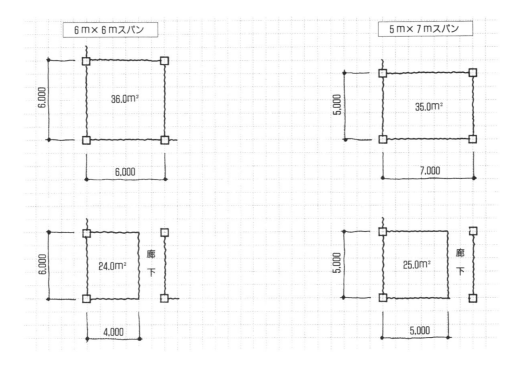
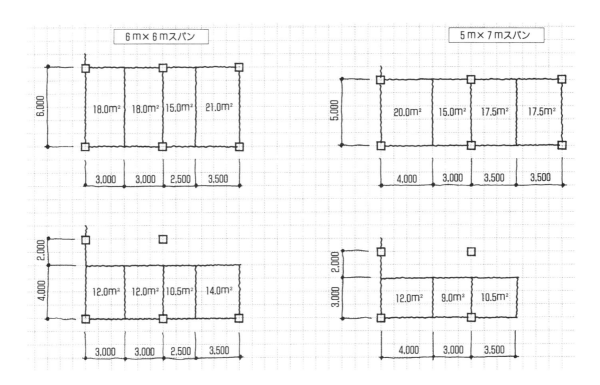

4 ケーススタディ

p.78 の課題を例としてケーススタディする.

設計課題「景勝地に建つ観光センター（鉄筋コンクリート造2階建）」
設計条件

　　景勝地に建つ観光センターを計画する.

　　計画に当たっては，次の①～③に留意すること.

　　　　①北側の景勝地への眺望に留意する.

　　　　②高齢者・身体障害者等の利用に配慮する.

　　　　③屋外展望スペースを設け，その動線は建築物内外の両方から
　　　　　とする.

（1）敷地及び周辺状況

　　ア．小高い丘にあり，北側に景勝地が望める．形状，道路との関
　　　　係，方位等は，図—1 のとおりである.

　　イ．用途地域その他の指定はない.

　　ウ．敷地は平たんで，歩道及び西側公営駐車場，東側隣地との高
　　　　低差はないが，敷地の北側の緑地については，緩やかに傾斜
　　　　している．また，地盤は良好であり，杭打ちの必要はない.

　　エ．電気，都市ガス，上水道及び公共下水道は完備している.

（2）構造及び階段

　　鉄筋コンクリート造（ラーメン構造），2階建とする.

（3）延べ面積

　　240m² 以上，280m² 以下とする（ピロティ，玄関ポーチ等は，床
面積に算入しない）.

（4）人員構成

　　事務担当（特産品売場店員を兼ねる）3人，食堂担当3人

（5）所要室

（6）建築物の最高の高さ等

所　要　室	設置階	特　記　事　項
玄　関　ホ　ー　ル	1階	ア．玄関ホールへのアプローチは，南側の歩道からとする
		イ．10m² 以上とする
		ウ．出入口の幅の内法は，1,200mm 以上とする
特　産　品　売　場	〃	ア．40m² 以上とする
		イ．観光案内コーナーを設ける
客　用　便　所	〃	ア．男女別に設ける
		イ．車いす使用者用便所を1室設ける
		・広さは芯々 2,000mm × 2,000mm 以上とする
		・出入口の幅の内法は，800mm 以上とする
		ウ．計 30m² 以上とする
倉　　　　　庫	〃	・5m² 以上とする
食　　　　　堂	2階	ア．厨房を設ける
		イ．厨房を含み，50m² 以上とする
更 衣 室 兼 休 憩 室	〃	ア．従業員用として使用する
		イ．10m² 以上とする
事　　務　　室	〃	・20m² 以上とする
便　　　　　所	〃	・従業員用として使用する
その他必要と思われるもの		

建築物の最高の高さは，10m以下（煙突，避雷針はこれに含めない），かつ，軒の高さは9m以下とする．

(7) 駐車スペース

敷地内に，小型乗用車（5人乗り，サービス用）1台分の屋外駐車スペースを設ける．また，客用駐車スペースは，敷地の西側隣地に公営駐車場があるので計画しなくてよい．

(8) その他
 ア．建築物内に，油圧式エレベーター1台を設ける（図—2参照）．
 イ．敷地内に，30㎡以上の屋外展望スペースを設ける．
 ウ．敷地内の通路で不特定かつ多数の者が利用するものの幅員は，1,800mm以上とする．高低差がある場合においてはスロープ（勾配1/15以下）とする．

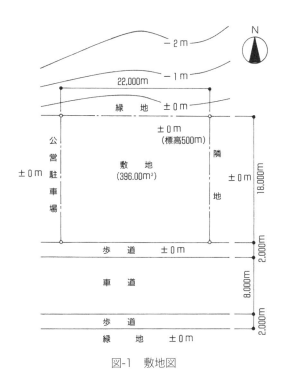

図-1　敷地図

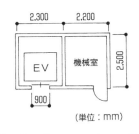

（注-1）
機械室は1階に設けることとし，エレベーターシャフトと離して設けてもよい．
（注-2）
乗降ロビーの幅及び奥行きは，それぞれ内法を1,800mm以上とする．

図-2　油圧式エレベーターの参考図

再度設計条件等の見直し，課題文のチェック（2回目）を行う．

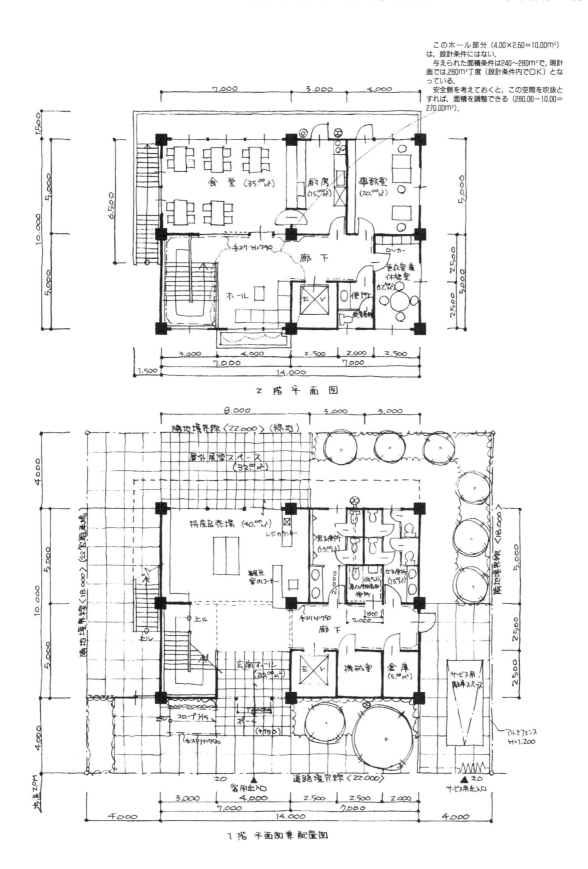

第3章 鉄筋コンクリート造

1階

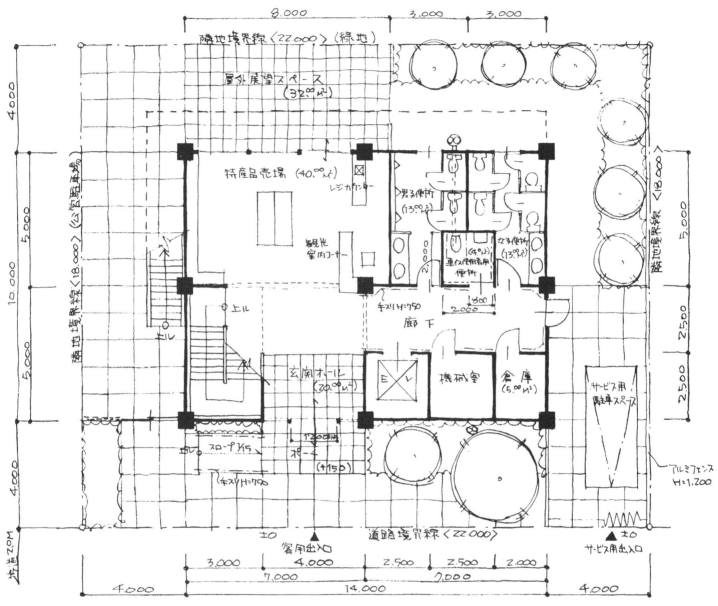

1階 平面図兼配置図

2 階

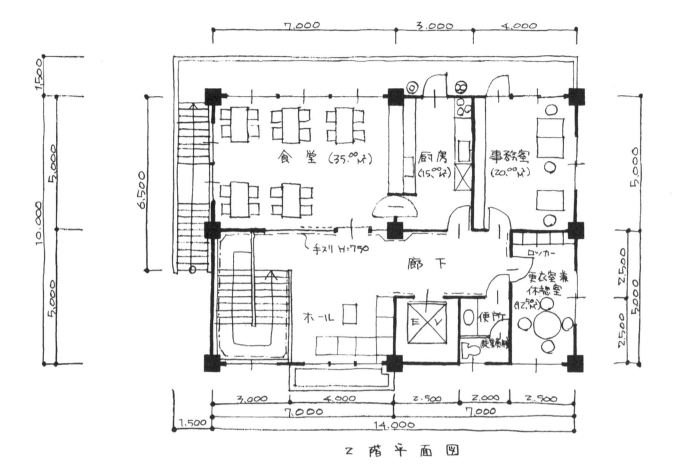

2 階平面図

5 作 図

　ここでは，p.78 の課題「景勝地に建つ観光センター」に沿って進める.

(1) 要求図面

「鉄筋コンクリート造」課題の場合，作図に求められている図面は基本的に，

　a.　１階平面図兼配置図

　　　配置図には門や塀，植栽，駐車スペースなども描き込む．スケールは 1/100（10mm ＝ 1m）.

　b.　２階平面図

　　　一部平家の場合は，１階屋根伏図も必要となる．スケールは 1/100.

　c.　立面図

　　　バルコニーや外階段があれば，それらも描く．スケールは 1/100. GL，隣地境界線または道路境界線を記入する.

　d.　断面図

　　　課題文に指定された位置で，平面図に断面位置表記をしている所を切断する．建物の垂直方向の各部の寸法や屋根勾配を描く．スケールは 1/100.

　e.　矩計図

　　　建物の各部分の標準的な高さを示す図面だが，本試験においては，ほとんど出題されない．しかし二級建築士としての基本的な知識として，鉄筋コンクリート造の矩計図を理解しておくことは，今後において重要なことである．スケールは 1/20, 1/30.

(2) 要求図面の描き方

　a.　作図の線は，p.7 で紹介しているように，太さで２種類，用途別で３種類ある．これらの線を使い分けて，細・太，濃・淡のハッキリした，メリハリのある図面を描くように心がけること.

　b.　作図を始めるとき，細い線で建物の内外壁を一定の幅を取って描くが，柱や外壁，内壁の仕上げを太い線で描いた後は，最初に描いた線は消す必要はない.

1階平面図兼配置図

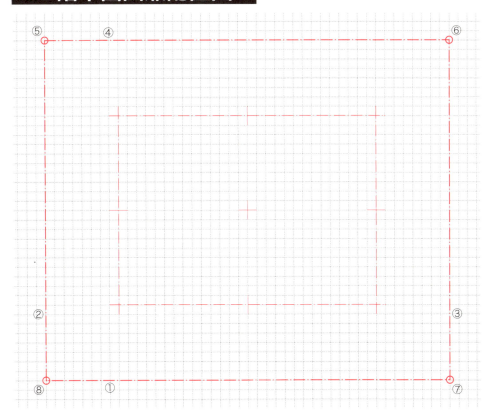

ステップ1
1. 道路境界線①を一点鎖線で記入
2. 隣地境界線②～④を一点鎖線で記入
3. 隅⑤～⑧を丸で押さえる
4. 外壁の中心線，柱芯を仮線で記入

ポイント！
1階平面図と2階平面図とは，同時進行で描くと，作図時間を短縮できる

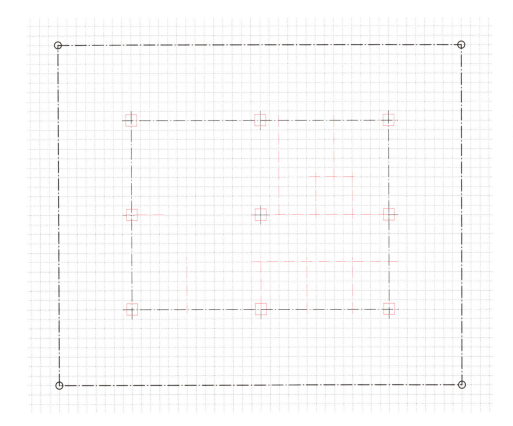

ステップ2
1. 内壁の中心線，柱を仮線で記入
   ※ 600×600の正方形（1/100で6mm×6mm）

ポイント！
柱にはテンプレート，正方形の6mmを使用

第3章 鉄筋コンクリート造

ステップ3

1. 壁厚を仮線で記入
   ※外壁の壁厚は200
   （1/100で2mm）
   内壁の壁厚は150
   （1/100で1.5mm）

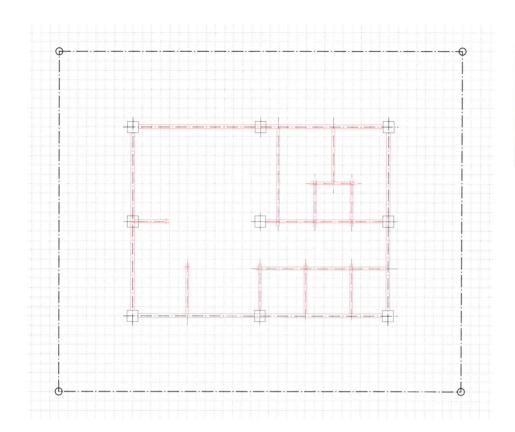

ポイント！
壁厚が均等になるように注意して描く

ステップ4

1. 壁を太い実線で仕上げる
   ※柱と壁の取り合い部分は，柱の線を壁厚分だけ描かない

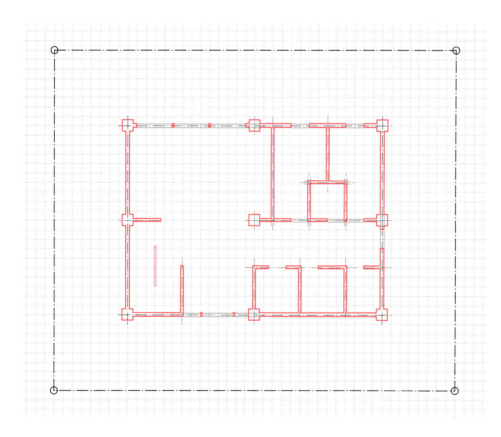

ポイント！
開口部は，細い実線で記入

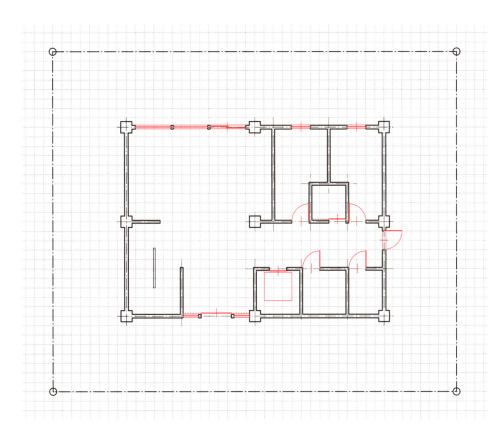

ステップ 5
1. 建具を細い実線で記入

ポイント！
引違い，開き扉，片引き戸の違いに気をつける

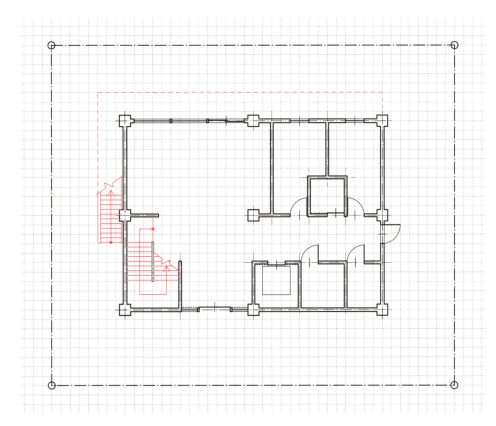

ステップ 6
1. 階段の踏面，上がり表示を細い実線で記入

ポイント！
1階平面図と2階平面図の階段の位置および上がり方向表示を確認すること

第 3 章　鉄筋コンクリート造

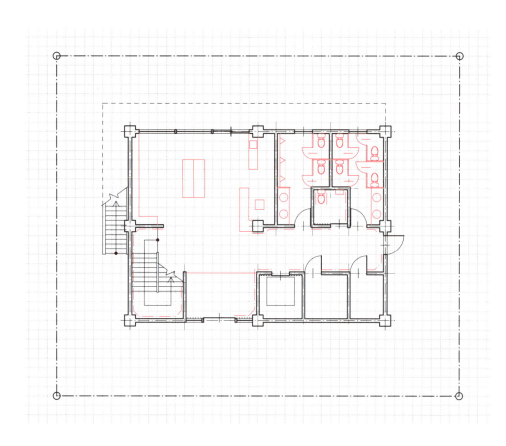

ステップ 7
1. 便器および家具等を細い実線で記入

ポイント！
・家具はグリッドを利用して記入する
・便器や洗面器は，円定規や楕円定規を利用して記入する

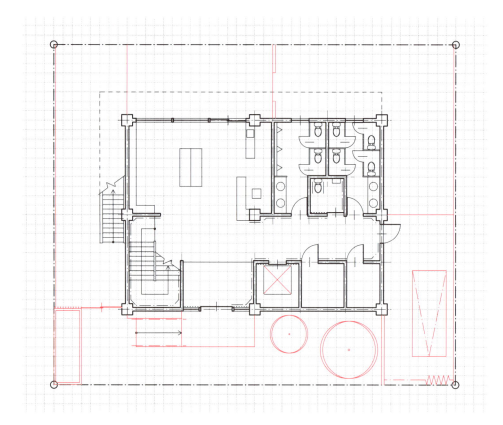

ステップ 8
1. 外構を細い実線で記入
   ①出入口アプローチ部分
   ②スロープ部分（勾配1/15），上がり表示も記入
   ③屋外展望スペース（設計条件）
   ④車
   ⑤⑥塀，門扉
   ⑦植栽，植込（とりあえず2本ぐらい）
2. 内部外部共に手すりを一点鎖線で記入

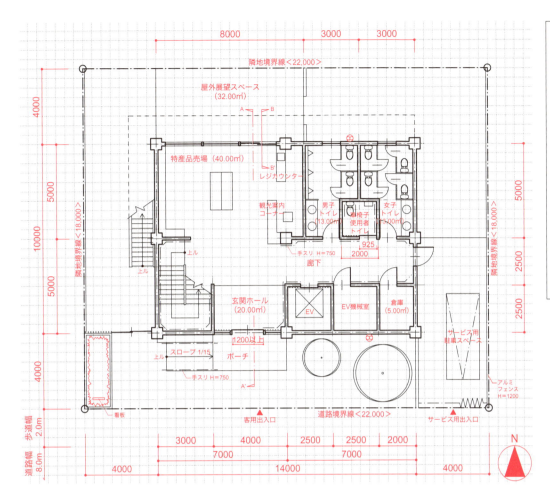

ステップ9

1. 寸法線を記入
2. 寸法, 文字, 換気扇, 給気口, 出入口を記入
3. 矩計切断位置, 断面切断位置を記入
   ①は断面切断位置（A～A'）
   ②は矩計切断位置（B～B'）

ポイント！
- 矩計（断面）切断位置は, 1階と2階でズレないように注意する
- 最低限の内容で完成させ, 他の図面に移る

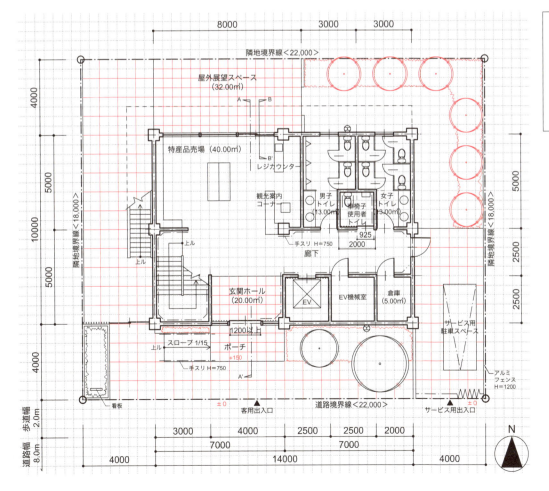

ステップ10

時間に余裕ができた場合は

1. テラスの目地や植栽を記入

2階平面図

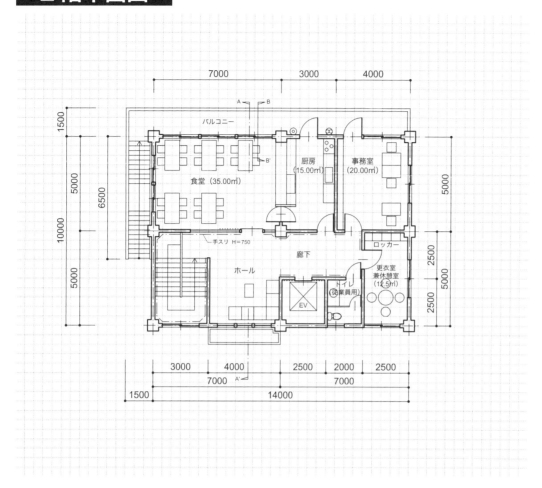

※1階平面図と2階平面図を，同時進行で完成させる

矩計図

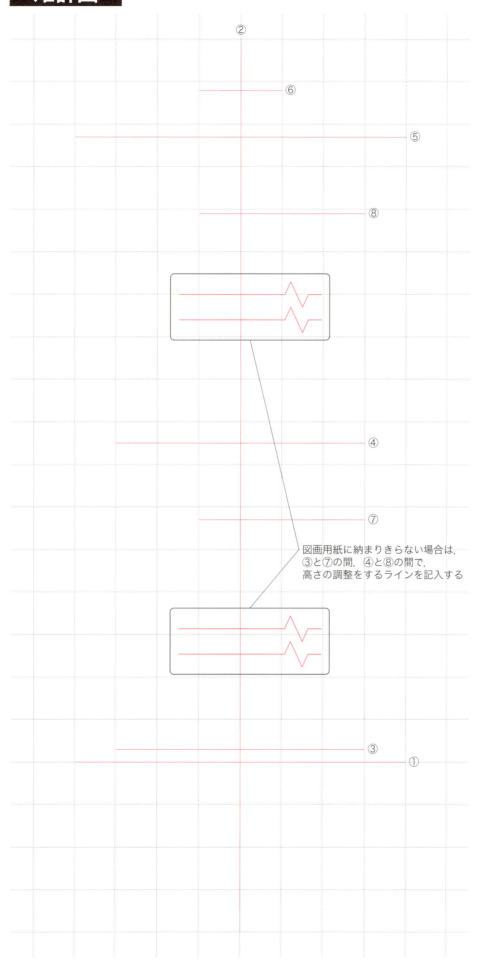

ステップ1

1. GLライン①を仮線で記入
2. 柱の中心線②を仮線で記入
3. 高さの線を仮線で記入
   ③1階床高
   　（GL + 150）
   ④2階床高
   　（150+3600）
   ⑤軒高
   　（屋根スラブ天端：
   　GL+7,350）
   ⑥最高の高さ
   　（パラペット天端：
   　GL + 7,900）
   ⑦1階天井高
   　（CH = 2,700）
   ⑧2階天井高
   　（CH = 2,700）

図画用紙に納まりきらない場合は，③と⑦の間，④と⑧の間で，高さの調整をするラインを記入する

第3章　鉄筋コンクリート造

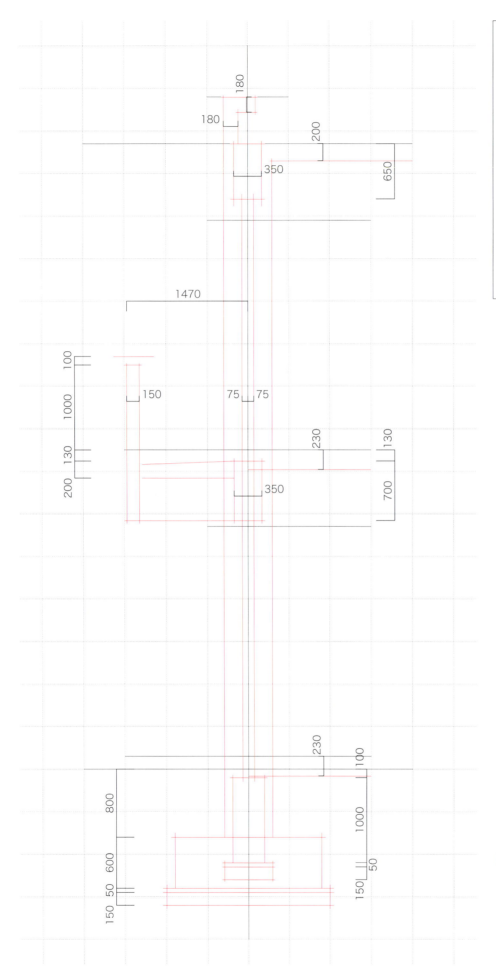

ステップ 2

1. 壁厚を仮線で記入（外壁芯から 75mm を振り分ける）
2. 各スラブ厚を仮線で記入
3. 地中梁，大梁，R 階梁を仮線で記入
4. パラペットを仮線で記入
5. バルコニーを仮線で記入

ポイント！

各部の幅は，最初にすべてスケールで寸法をプロットしておくと，作図がスピーディにできる

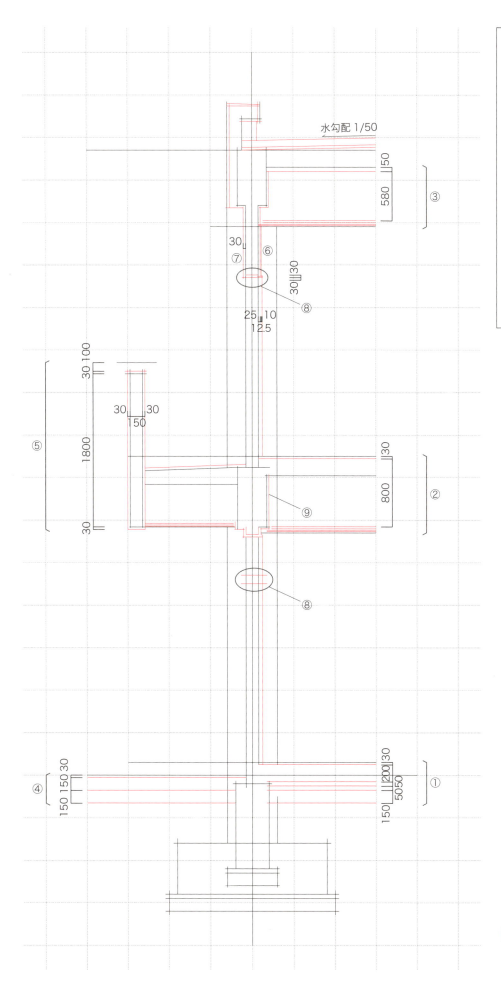

ステップ3
1. 各部分を仮線で記入
   ① 1階床
   ② 2階床・1階天井母屋
   ③ 屋根スラブ・2階天井
   ④ テラス
   ⑤ バルコニー
   ⑥ 内壁仕上げ
   ⑦ 外壁仕上げ
   ⑧ 建具まわり
   ⑨ 断熱材

ポイント！

開口部の高さに注意する

第3章 鉄筋コンクリート造 **111**

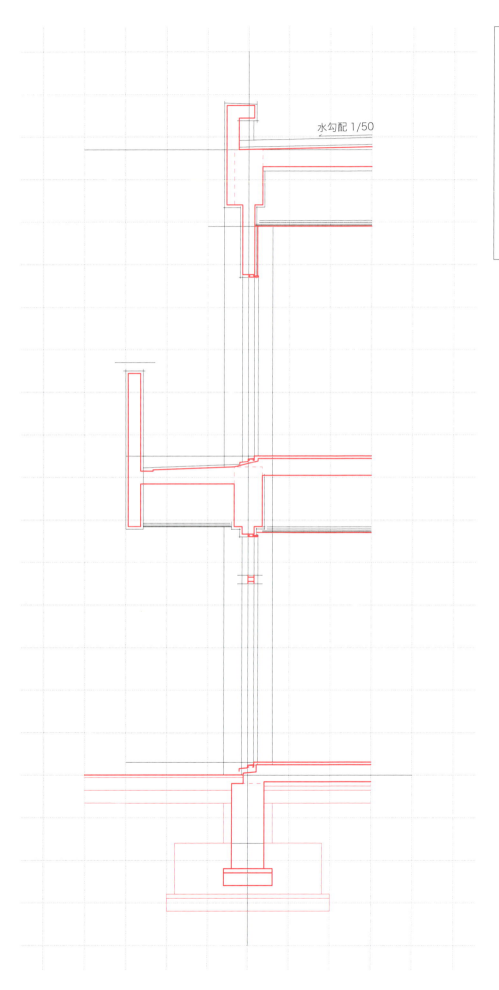

ステップ4

1. ステップ3の下書きをもとに，躯体部分（コンクリート断面部分）を太い実線で記入
2. 建具枠まわりを太い実線で記入
3. 室内の床・壁・天井の仕上げ線を太い実線で記入

水勾配 1/50

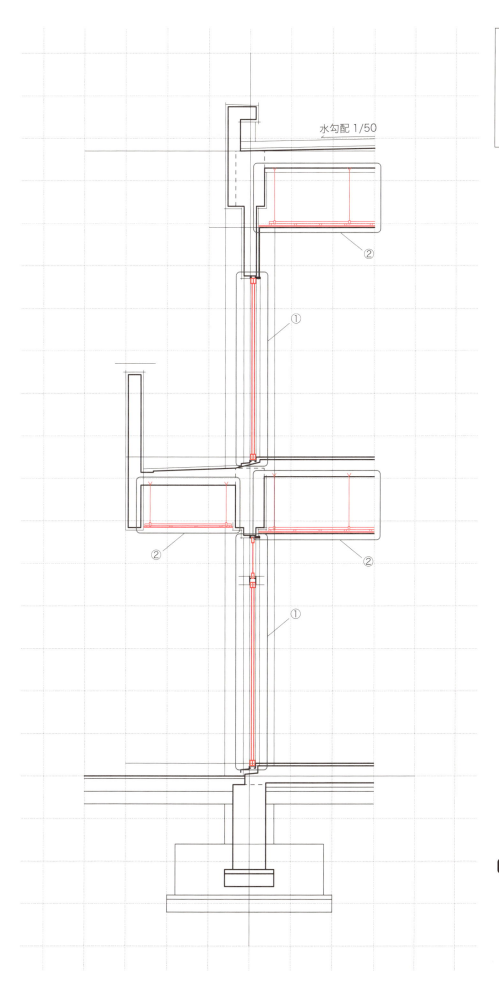

ステップ 5
1. 建具（アルミサッシ）を太い実線で記入
2. 天井下地等を細い実線で記入

ポイント！
部材断面は太い実線で，その他は細い実線で記入し，線にメリハリをつける

第 3 章　鉄筋コンクリート造　**113**

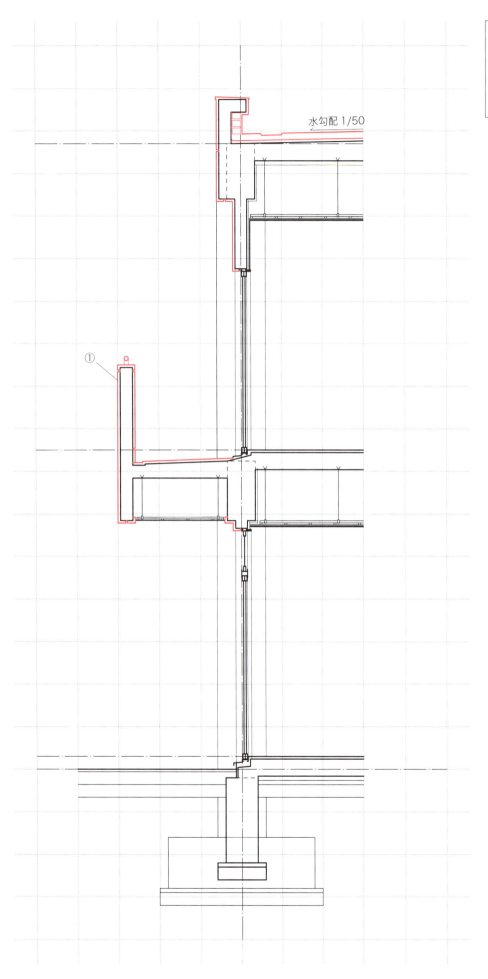

ステップ6
1. 外壁,パラペット,バルコニーの仕上げを太い実線で記入

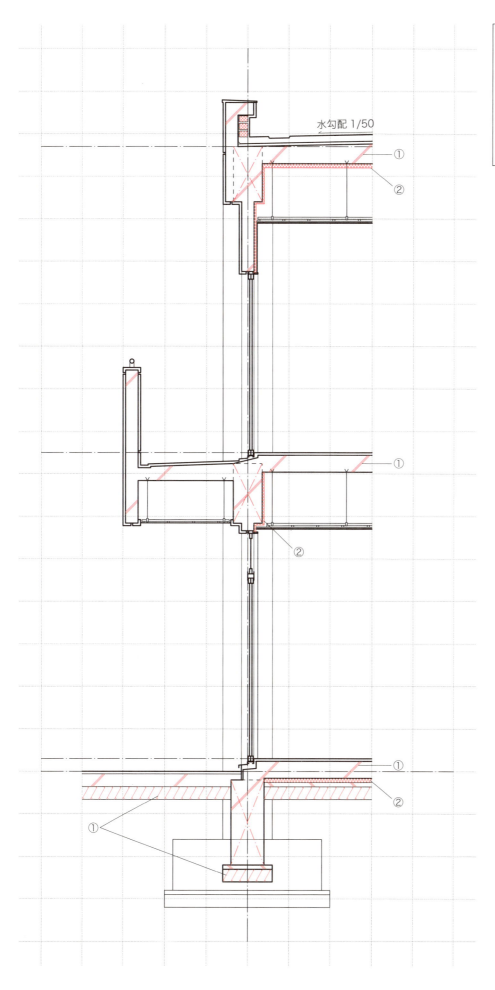

ステップ 7
1. スラブ各部材に適したハッチングを，細い実線で表示する
2. 断熱材を細い実線で記入

第3章 鉄筋コンクリート造

ステップ8
1. 寸法線, 引き出し線, 勾配表示を記入
2. 寸法, 文字, 各部の仕上げを記入
3. 室名・主要レベルを記入

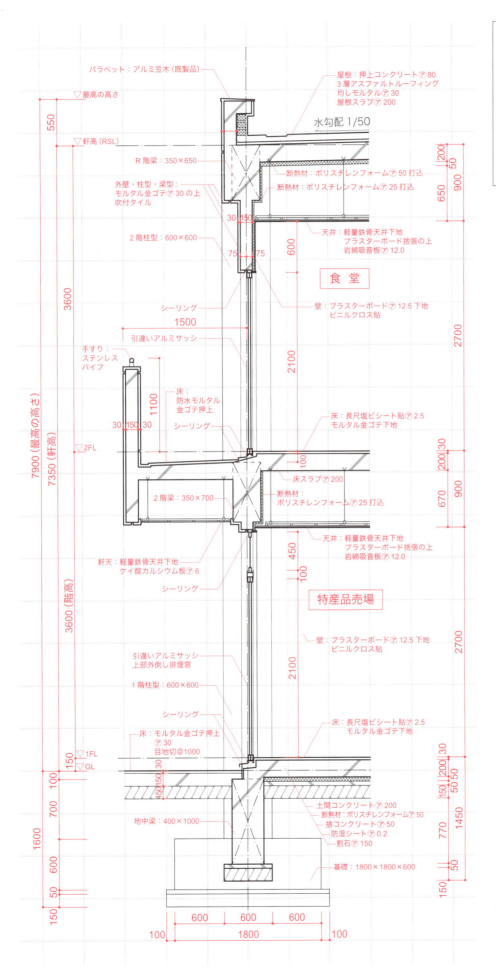

ポイント!

要求図面の特記事項はもれなく記入する

断面図

ステップ1

1. GLライン①を仮線で記入
2. 高さの線を仮線で記入
   ②1階床
   ③2階床
   ④軒高（屋根スラブ天端）
   ⑤最高の高さ（パラペット天端）
3. 外壁・内壁の中心線⑥〜⑧を仮線で記入

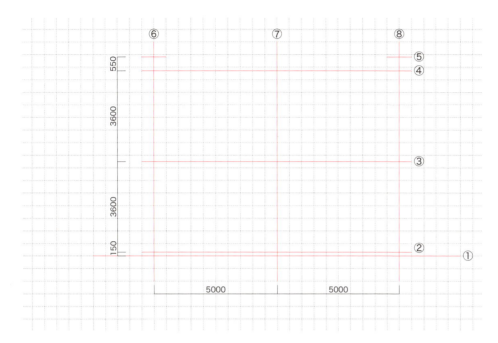

ポイント！

柱と壁の中心線は共通となる

ステップ2

1. 1階天井高①，2階天井高②を仮線で記入
2. 開口部の高さ，内法高さ③④を仮線で記入
3. バルコニーの出⑤，ひさしの出⑥を仮線で記入

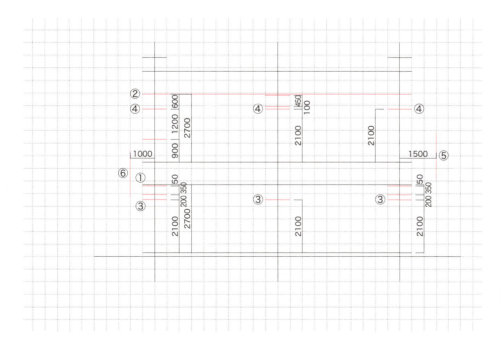

ポイント！

開口部の高さに注意する

第3章 鉄筋コンクリート造

ステップ 3

1. 内外壁の仕上げ線を仮線で記入
2. 屋根の仕上げ線を仮線で記入
3. 梁, スラブ, パラペット, バルコニー, ひさしの仕上げ線を仮線で記入

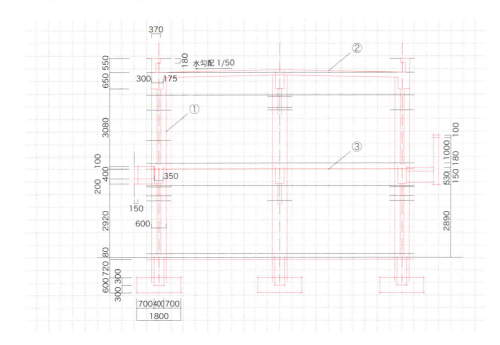

ポイント！

各部の幅は，最初にすべてのスケールで寸法をプロットしておくと，作図がスピーディになる

ステップ 4

1. 各部の仕上げ線を太い実線で記入

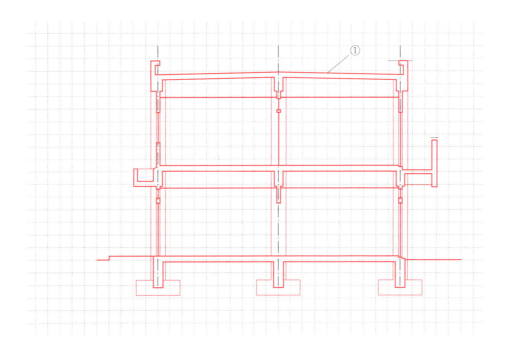

ステップ5

1. パラペットを細い実線で記入
2. 寸法線，勾配表示を細い実線で記入

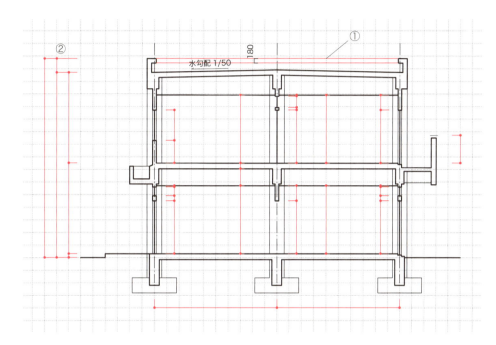

ポイント！
断面線と姿線の区別ははっきりつける

ステップ6

1. 寸法，文字を記入
2. 室名，主要レベルを記入

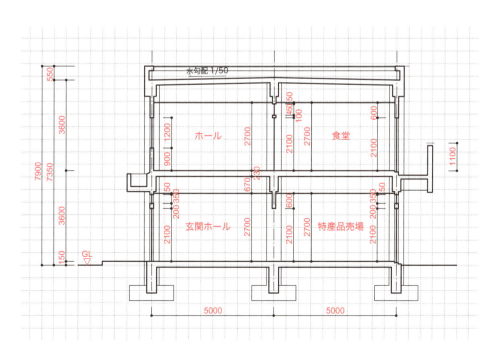

ポイント！
要求図面の特記事項はもれなく記入する

第3章 鉄筋コンクリート造

立面図

ステップ 1

1. GL ライン①を仮線で記入
2. 高さの線を仮線で記入
   - ②1階床
   - ③2階床,
   - ④軒高
   - ⑤最高の高さ
3. 外壁芯及び柱型⑥〜⑧を仮線で記入
4. 隣地境界線⑨⑩を仮線で記入

柱芯と壁芯は共通する

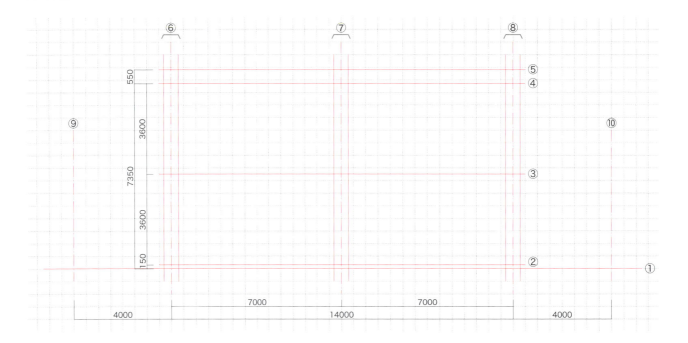

ステップ 2

1. 梁型①を仮線で記入
2. バルコニー②を仮線で記入

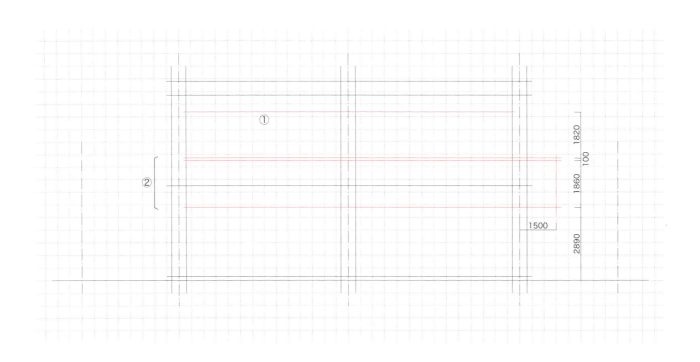

ステップ3

1. 開口部の上端，下端，タテ枠を仮線で記入

ポイント！

各部の高さは，矩計図に準ずること

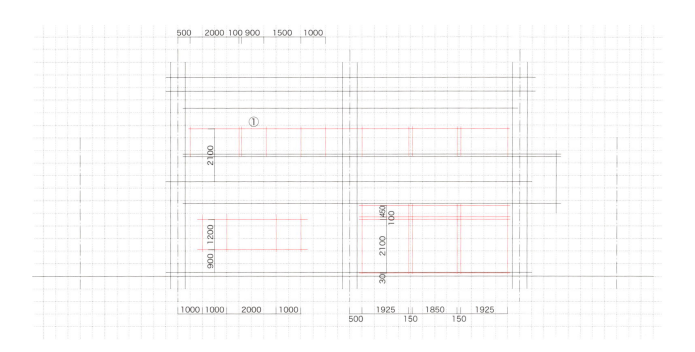

ステップ4

1. 仕上げ線を太い実線で記入
2. 開口部の枠および方立て等を仮線で記入

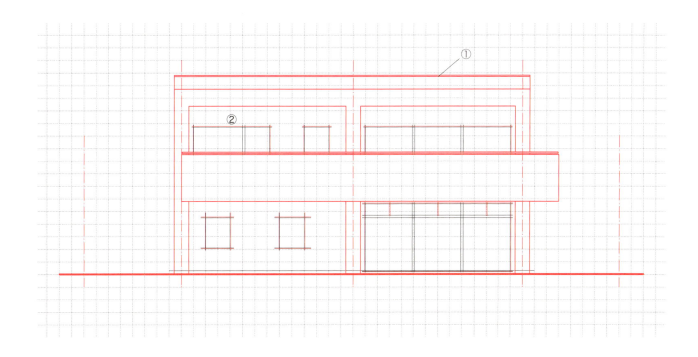

ステップ 5
1. 開口部枠を太い実線で記入
2. アルミサッシ等を細い実線で記入

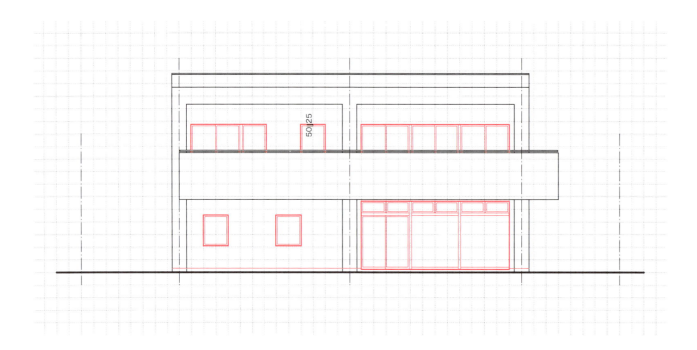

ステップ 6
1. 文字，GL レベルを記入

ポイント！

GL ラインを特に太い実線で記入すると，図面により安定感ができる

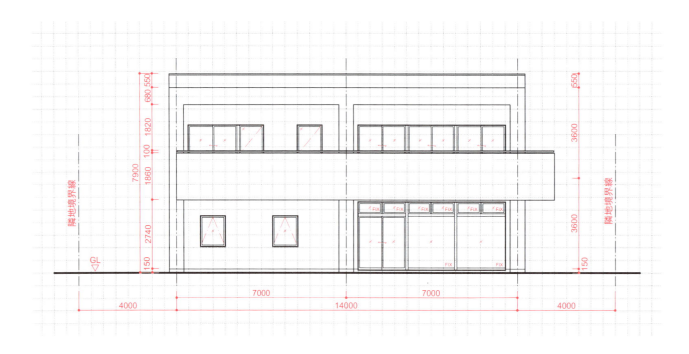

面　積　表		
敷地面積		396.00 ㎡
建築面積	（計算式） （10.00×14.00）＋ 〔（14.00＋0.50）×0.5〕＋ （6.5×0.5）	150.50 ㎡
床面積 1 階	（計算式） 10.00×14.00	140.00 ㎡
床面積 2 階	（計算式） 10.00×14.00	140.00 ㎡
延べ面積		280.00 ㎡

仕　上　げ　表			
部位		仕上げ材料名	下地材料名
外部仕上げ	屋根	押エコンクリート㋐30	均シモルタル㋐30の上 3層アスファルト ルーフィング防水
	外壁	吹付モルタル	モルタル金ゴテ㋐30
内部（食堂）仕上げ	床	長尺塩ビシート㋐2.5	モルタル金ゴテ
	内壁	ビニルクロス	プラスターボード㋐12.5
	天井	岩綿吸音板㋐12.0	軽量鉄骨下地の上 プラスターボード㋐9.5

数値は，小数点以下第2位までとし，第3位以下は切り捨てる．
（課題文に書かれている条件で数値をだすこと）

第 3 章　鉄筋コンクリート造　**123**

付章　鉄骨造

1 鉄骨造の概要

　鉄骨造は，建築の架構構造体を鉄で構成する．鉄筋コンクリート造のような一体式構造ではなく，柱や梁あるいはトラス等の線材を組み合わせ接合することにより，荷重を支え外力に抵抗できるように構成された構造システムで，多種多様な架構形態がある．

　鉄筋コンクリート造と比較すると，ねばり強く弾性に優れ，鉄の比重は重いが躯体としては軽量である．その生産形態が工業化されたものであり，工期の短縮化がはかれることから，住宅・小規模な店舗ビル・高層建築物，大スパン建築物等，幅広く用いられている．一方，鋼材は非耐火性であるため，耐火被覆を必要とすることや，接合部が構造上の欠点となりやすい等の弱点もあるが，溶接技術の向上やコンピュータ利用により，様々な構造計画ができるようになった．

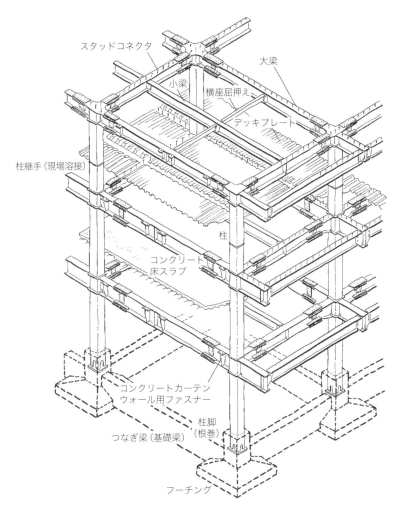

ラーメン構造の例

2 鉄骨造の構造形式

(1) ラーメン構造

構造体が柱と梁，スラブで構成され，接合部は基本的に剛接合とした構造．鋼材は強度が高いため，鉄筋コンクリート造のラーメン構造よりも柱・梁等の断面が小さく，スパン，階高等を大きくすることができる．壁面の開口が比較的に自由にとれるのが特色．全水平力を柱だけで負担する純ラーメン構造，水平力に対する変形を少なくし，耐震性を高めるため，架構の中に耐震壁を入れた有壁ラーメン構造，耐震壁のかわりにブレースを入れたブレース付ラーメン構造がある．

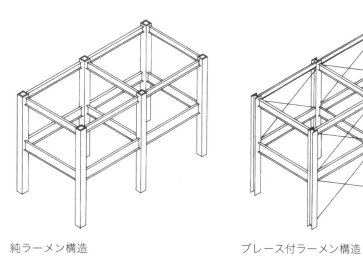

純ラーメン構造　　　　　　　ブレース付ラーメン構造

(2) トラス構造

各接点がピンで，各部材を三角形に構成した構造．

各部材には軸方向力だけが伝達されるため，曲げモーメントを受ける部材に対して一般に変形が少ない．細い断面の部材で大空間を構成することができ，組み立て方により平面トラス，立体トラスがある．

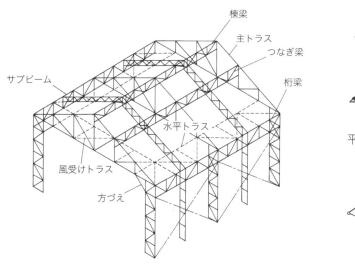

トラス構造

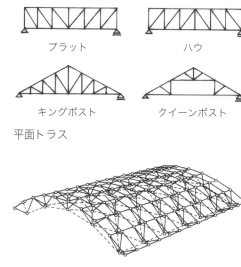

平面トラス

立体トラス

(3) アーチ構造

部材を曲線状に曲げて，荷重が主として軸圧縮力により支持点に伝わる構造．アーチの形は，基本的には円弧あるいは円弧を幾つか組み合わせてできる曲線で，曲線の種類により名称がある．また，アーチを単一材で構成する方法と，均一な部材を組み立てて構成する方法がある．組立材は加工に手間がかかるが，材料・重量を軽減し，さらに大きなスパンを必要とする場合やその構成の美しさを意図して用いられる場合がある．

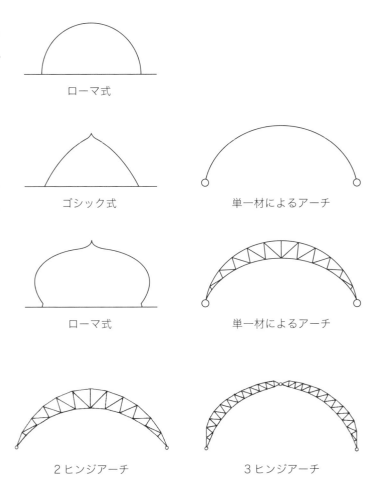

(4) その他

その他の構造として，シェル構造，吊り構造，膜構造等があり，これらは力の流れを三次元でとらえていく構造システムである．

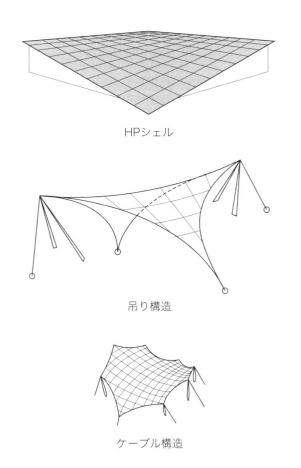

3 鉄骨ラーメン構造について

　鉄骨造は強度が高く，工場生産された鋼材を接合することで成り立っている骨組み構造であり，構造体や軸部の架構方法は，鉄筋コンクリート造と比較して複雑である．しかし，巨大架構ではなく，中小規模の建築物の範囲では，躯体断面が小さくてすむ．軽量化しやすく工期が短い等の特性を生かし，シンプルで明快な鉄骨のラーメン構造の建築物も多く，ここでは以下の項目について説明する．

(1) 柱のスパン割付

　スパンは鉄骨造の場合，鉄筋コンクリート造よりも大きく，10〜15m 程度とれるが，身近な建築物の範囲では，鉄筋コンクリート造の建築物を考える時と同様に，

- 設計条件
- 敷地条件
- 構造条件
- 変形スパンの割付を避け，均等スパン・規則性のあるスパン割付
- 所要室スペースの割り込み面積の想定

の整理をし，下記マトリックスから有効なスパンを選択してゆく．そして鉄骨造は体育館やホール，集会室等の大空間にも無柱が可能であることを理解しておけばよい．

	5	6	7	8
5	5 × 5 25㎡	5 × 6 30㎡	5 × 7 35㎡	5 × 8 40㎡
6		6 × 6 36㎡	6 × 7 42㎡	6 × 8 48㎡
7			7 × 7 49㎡	7 × 8 56㎡
8				8 × 8 64㎡
10	10 × 5 50㎡			
12	12 × 5 60㎡	12 × 6 72㎡		
14			14 × 7 98㎡	

(2) 構造計画と各部位の仮定断面寸法（低層建築物の場合）

構造計画での基本的チェック事項として，

1. 変形（たわみ）に対する検討
2. 水平力（地震力，風圧力）に対する検討
3. 雪等の特殊な荷重に対する検討

があり，これらを建物全体でとらえていく．

ラーメン構造には前述のように幾つかの種類があるが，角形鋼管を柱とした場合，部材断面の強軸・弱軸方向の剛性・耐力が同じで座屈に強いため純ラーメン構造となり，H型鋼を柱とした場合，強軸と弱軸の方向ができるので，弱軸方向は，ブレース付ラーメン構造とする必要がある．このように建物全体からみてバランスよくすることは木造，鉄筋コンクリート造で計画するときと同じである．

鉄骨造の架構形式は木造と似ている部分もあるが，鉄骨造は工業化された部材の集合体でもあるので，その接合部分は組み立てる上で重要である．木造の場合は加工しやすいので容易であるが，鉄骨造の場合，鋼材そのものは加工しにくく錆びやすく，他の材料とのなじみが悪いので，充分な検討と工夫が必要だ．

その接合方法については，ここでは説明することはしないが，各法定面積を求積するとき，柱と外壁の関係及び外壁，柱，床スラブ，梁の関係が鉄筋コンクリート造や木造と違うのはこのことのためである（S造は左記の壁芯で面積算定を行う）．

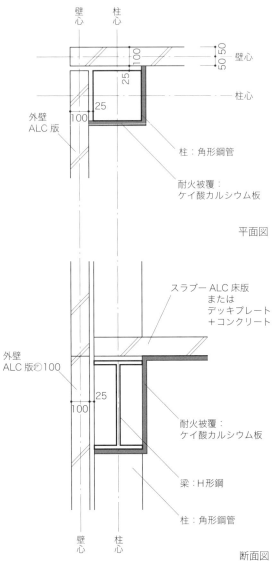

壁心と柱心

a．柱スパン

（壁芯による）　X方向　5.0〜8.0m
　　　　　　　　Y方向　5.0〜12.0m

b．階高

　1階　3.5〜4.5m
　2階　3.0〜4.0m

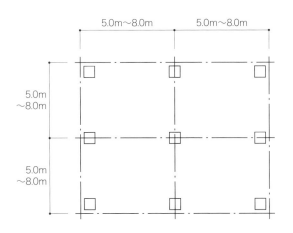
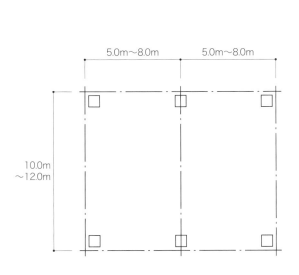

c．各部材

単一材と組立材がある．単一材は構造の単純化ができ，加工・組立が容易で一般的である．

①柱：角形鋼管やH形鋼を使用することが多い．

	H × B × t
角形鋼管	□ - 250 × 250 × 12
（コラム・ボックス柱）	□ - 300 × 300 × 12

	H × B × t_1 × t_2
H形鋼	H - 250 × 125 × 6 × 9
	H - 300 × 150 × 6.5 × 9
	H - 350 × 175 × 7 × 11

角形鋼管

H形鋼

②梁：主としてI形鋼，H形鋼が用いられ，梁せいはたわみを考慮してスパン 1/20〜1/15

大梁	H - 400 × 200 × 8 × 13
	H - 600 × 300 × 12 × 17　等
小梁	H - 400 × 200 × 8 × 13
	H - 300 × 150 × 6.5 × 9　等

③床スラブ：デッキプレート床とALC版床とがある

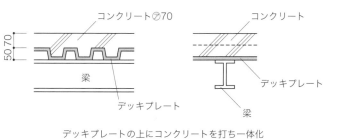

デッキプレートの上にコンクリートを打ち一体化

デッキプレート床

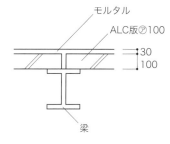

ALC版床

（3）耐火構造，耐火被覆

鋼材は不燃材ではあるが，非耐火性であるために，耐火構造とするためには強度低下を起こさせないように，建築基準法施行令第107条にもとづき，被覆する必要がある．構造，規模，階数，用途等により，被覆方法はいくつかある．

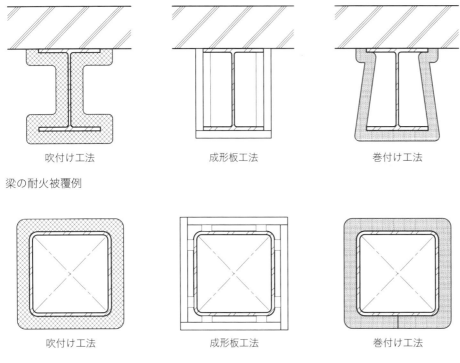

梁の耐火被覆例

柱の耐火被覆例

4　鉄骨造の設計条件

　鉄骨造の課題だからといって特有の条件があるわけではないので，鉄筋コンクリート造の計画をするのに準じて設計条件を読み込み，敷地，道路条件，内外のゾーニングをしてエスキースをする．

■鉄骨造矩計図の書き方

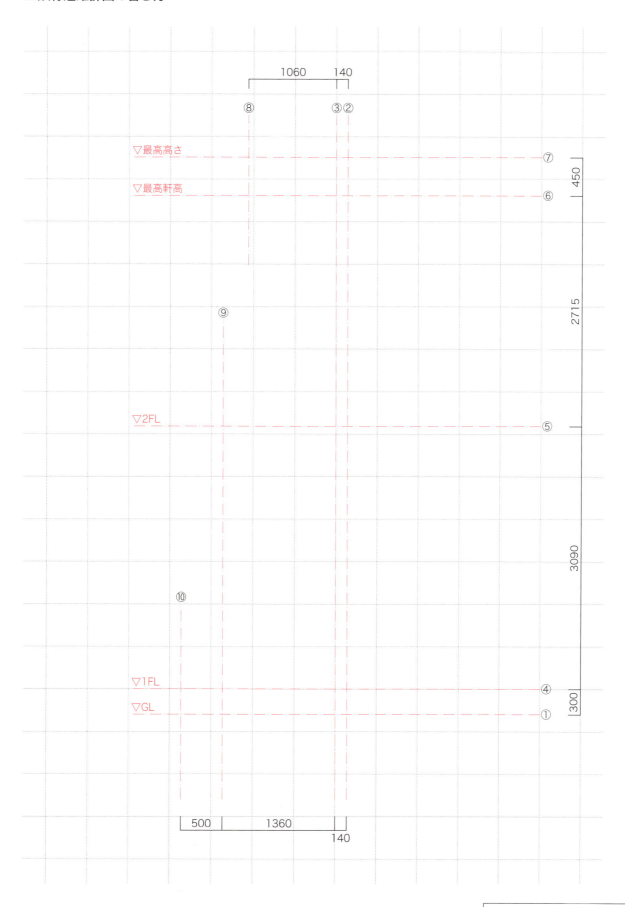

1. 基準となる線を書く．

付章　鉄骨造　**131**

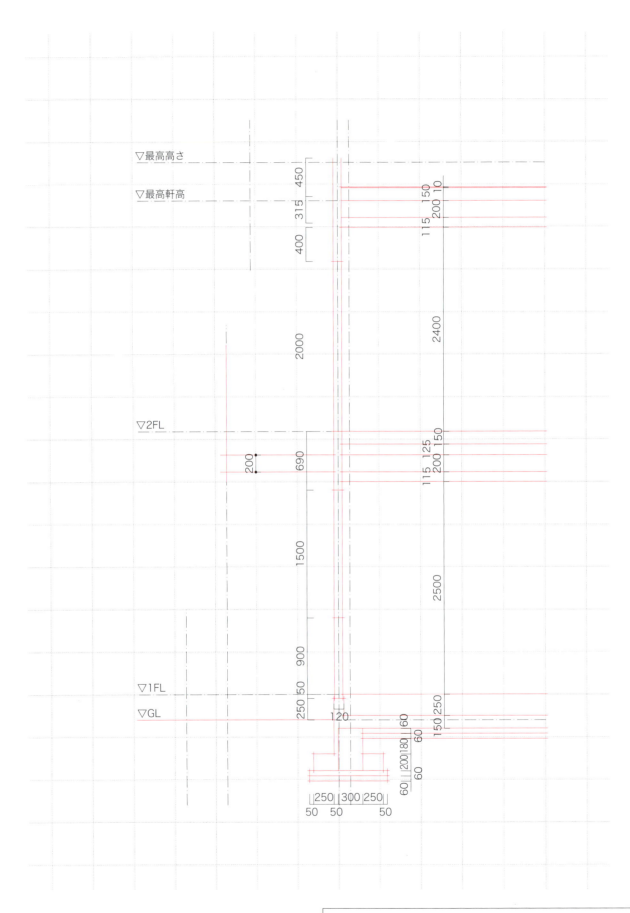

2 　基礎・床・天井・壁などの主要な仕上げ線を書く．

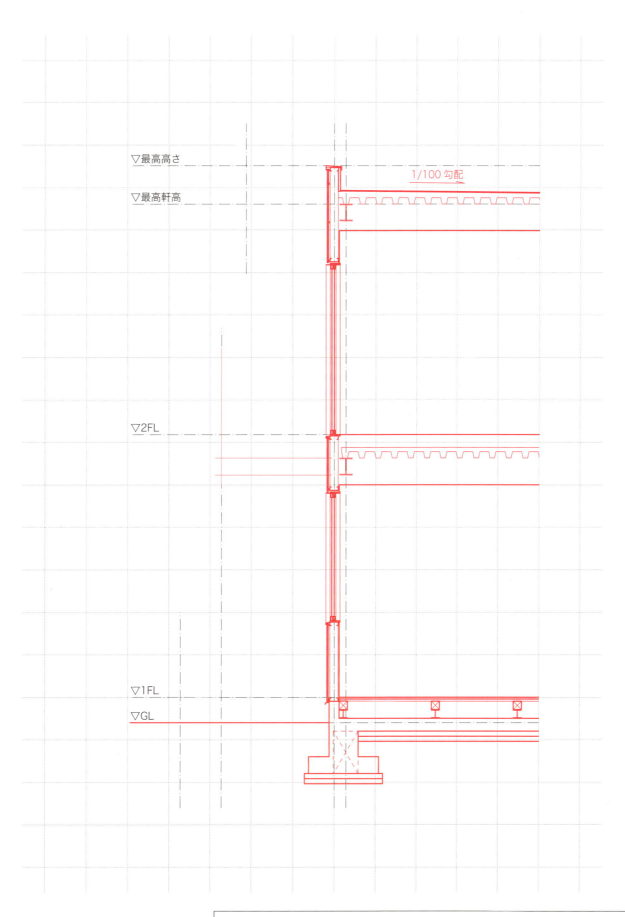

3. 仕上げ線から太線・細線を書き分けながら各所の形状を書いていく．

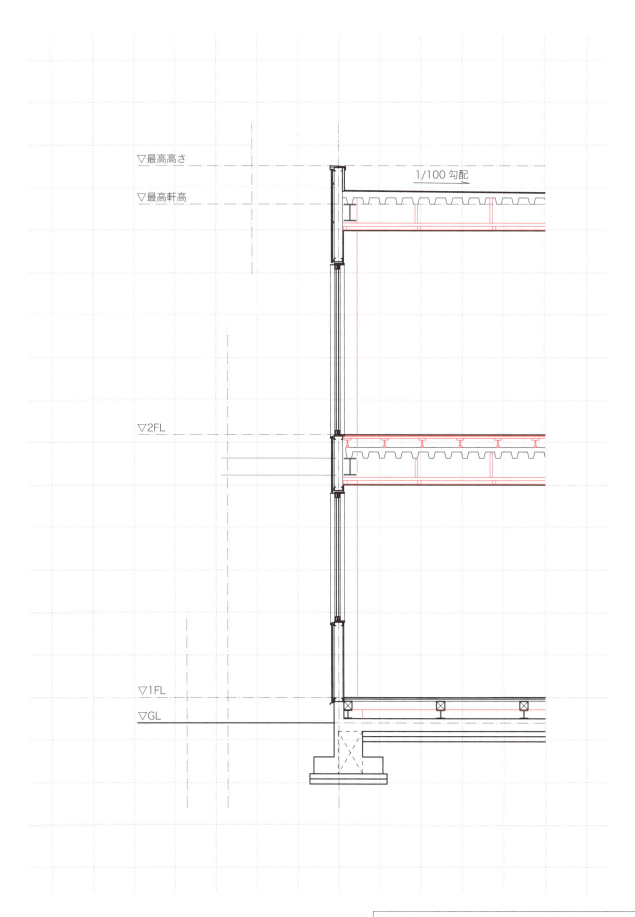

4. 仕上げ線から各部材の厚みを書いていく．

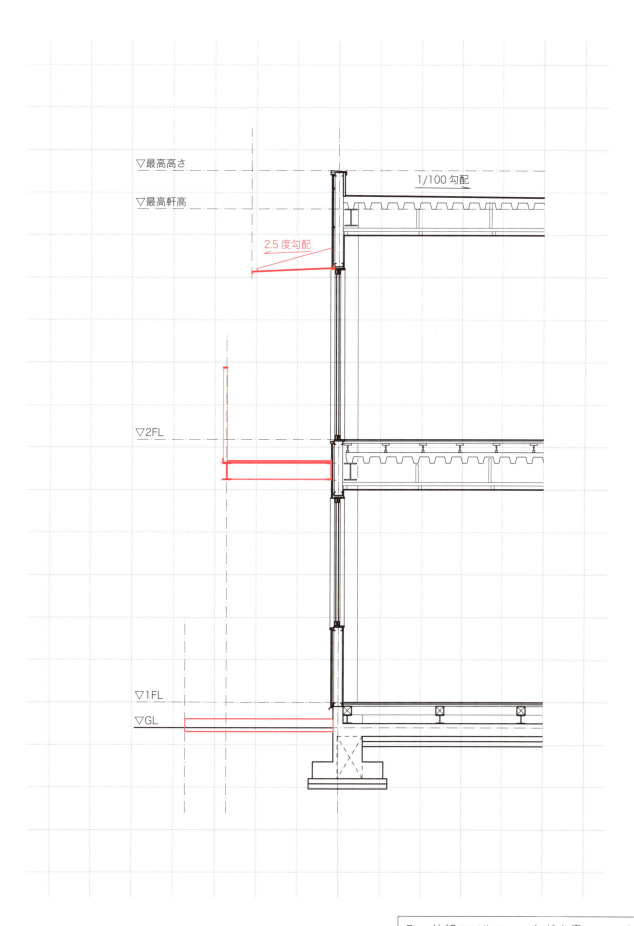

5. 外部のバルコニーなどを書いていく．

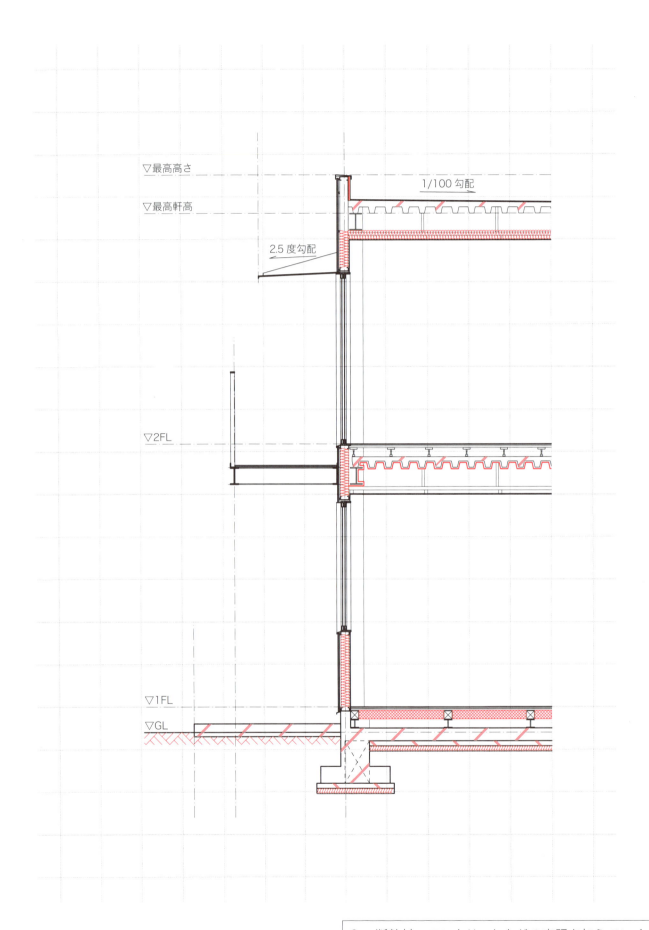

6. 断熱材・コンクリートなどの表記を加えていく.

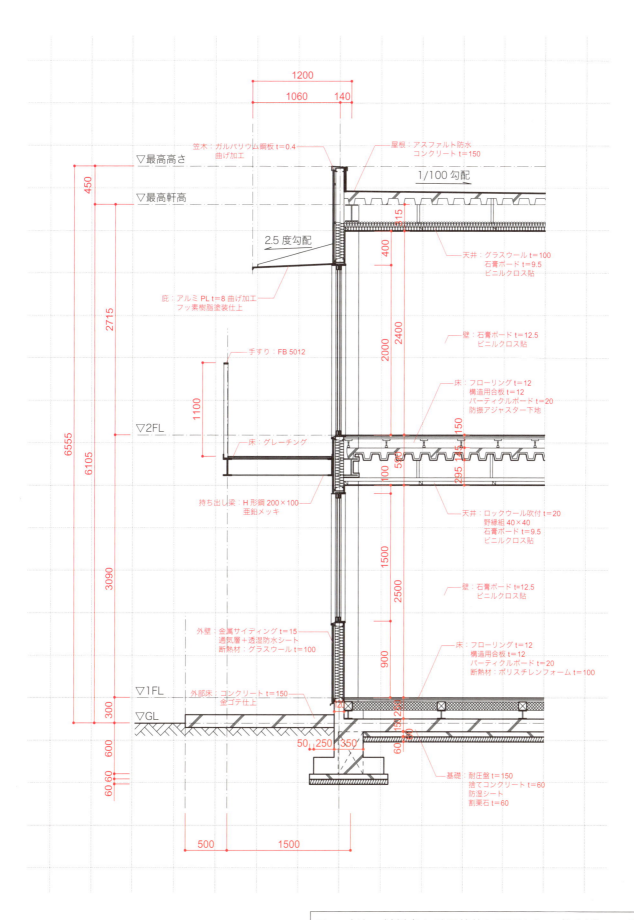

7　寸法・材料名など最終的に図面として仕上げていく．

付章　鉄骨造

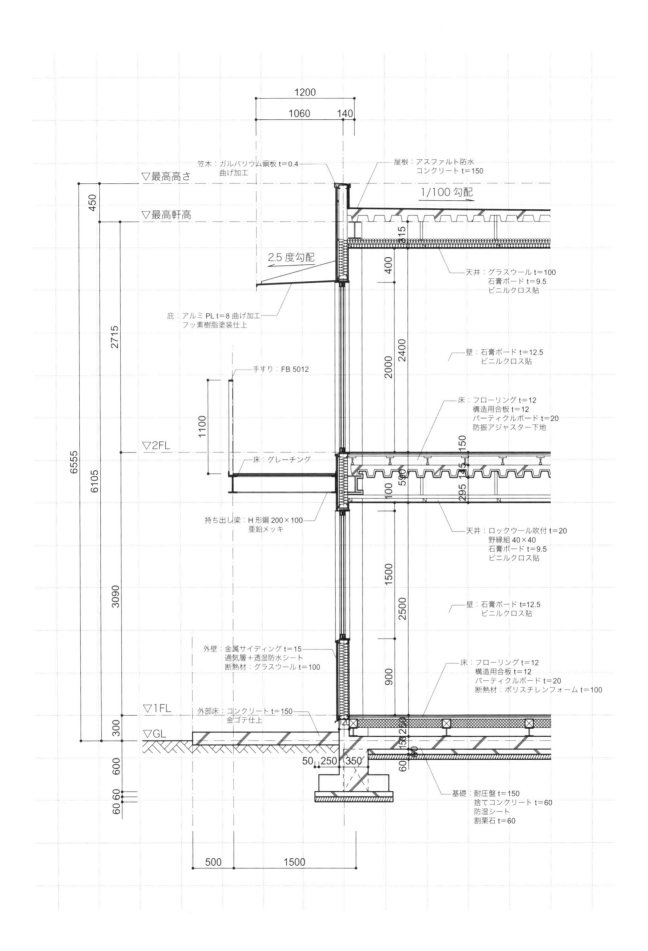

〈著者紹介〉

福田健策（ふくだ けんさく）
株式会社 KAI 一級建築士事務所・スペースデザインカレッジ創設者．一級建築士．住宅建築を中心に，数多くの設計業務を手掛けるかたわら，建築・インテリアデザイナーを養成する「スペースデザインカレッジ」を創設．著書に『〈第二版〉専門士課程 建築計画』『〈第二版〉専門士課程 建築施工』『専門士課程 建築法規』『専門士課程 建築構造』など．

野中大道（のなか だいどう）
スペースデザインカレッジ専任講師．インテリアデザイナー．

坂利春（さか としはる）
S/A 坂利春建築研究所所長．スペースデザインカレッジ非常勤講師．

書籍関連情報
下記のウェブページから本書の関連情報をご覧いただけます．
https://book.gakugei-pub.co.jp/gakugei-book/9784761533069/

基礎講座　建築設計製図
―――――――――――――――
2024 年 12 月 25 日　第 1 版第 1 刷発行

著　者	福田健策・野中大道・坂利春
発行者	井口夏実
発行所	株式会社 学芸出版社 〒 600-8216 京都市下京区木津屋橋通西洞院東入 電話 075-343-0811 http://www.gakugei-pub.jp/ E-mail info@gakugei-pub.jp
編　集	岩崎健一郎・森國洋行
装　丁	KOTO Design Inc. 山本剛史
印　刷	イチダ写真製版
製　本	新生製本

―――――――――――――――
Ⓒ福田健策・野中大道・坂利春 2024　　Printed in Japan
ISBN 978-4-7615-3306-9

JCOPY 〈㈳出版者著作権管理機構委託出版物〉
　本書の無断複写（電子化を含む）は著作権法上での例外を除き禁じられています．複写される場合は，そのつど事前に，㈳出版者著作権管理機構（電話 03-5244-5088, FAX 03-5244-5089, e-mail: info@jcopy.or.jp）の許諾を得てください．
　また本書を代行業者等の第三者に依頼してスキャンやデジタル化することは，たとえ個人や家庭内での利用でも著作権法違反です．

好評既刊

基礎講座　建築構造力学

西村博之・辰井菜緒 著

B5 変判・192 頁・本体 2800 円＋税

数式はできるだけ使わず，図式的に解く「ルーティンメソッド」で学ぶ，わかりやすい建築構造力学の入門書．要点を箇条書きにした本文と図解がメインの 2 色刷り紙面で，多くの例題を収録した書き込み可能なワークブック．二級建築士試験レベルの問題を解けるようになりたい人，一級建築士試験の基礎づくりをしたい人に最適．

基礎講座　建築環境工学

朴賛弼・伏見建 著

B5 変判・200 頁・本体 2800 円＋税

空気・熱・光・音のほか建築・都市環境について，身近な自然現象から建築計画への応用まで，環境工学の基本を学ぶ．カラー・2 色刷の図・写真，コラムを多数掲載し，必要な数値や情報は表やグラフにまとめた，わかりやすく読みやすい入門教科書．建築士試験のキーワードを網羅，章末の練習問題で習得度もチェックできる．

基礎講座　建築設備

金政秀 編著／山本佳嗣・樋口佳樹・伊藤浩士・韋宇銘・中野淳太 著

B5 変判・204 頁・本体 2800 円＋税

建築設備の全体像を二色刷りのイラスト・図表 360 点以上を用いて解説．「なぜこうなる？」「どこがどうなっている？」の疑問に丁寧に応えた．実務者と研究者の共同執筆により，給排水衛生・空調・電気の基本 3 分野を現場に即しバランス良く押さえた．二級建築士試験キーワードを網羅，章末の練習問題で習得度もチェックできる．

学芸出版社 | Gakugei Shuppansha

建築・まちづくり・
コミュニティデザインの
ポータルサイト

- 近刊・新刊
- 教科書・研修テキスト
- 試し読み
- イベント
- レクチャー動画
- 連載
- ニュースレター

WEB GAKUGEI
www.gakugei-pub.jp/

お名刺交換をさせていただいた皆さまに
ニュースレター配信のお知らせメールをお届けします。
お手数ですが、ご不要の方はその旨、ご返信ください。